Mit ICH-KULTUR zum privaten und
beruflichen Erfolg

Jutta Malzacher

Mit ICH-KULTUR zum privaten und beruflichen Erfolg

Persönlichkeitsbildung neu erklärt

2. Auflage

Jutta Malzacher
ELANproject International Elegance
Heidelberg, Deutschland

ISBN 978-3-658-32846-7   ISBN 978-3-658-32847-4 (eBook)
https://doi.org/10.1007/978-3-658-32847-4

Die Deutsche Nationalbibliothek verzeichnet diese Publikation in der Deutschen Nationalbibliografie; detaillierte bibliografische Daten sind im Internet über http://dnb.d-nb.de abrufbar.

Springer
© Der/die Herausgeber bzw. der/die Autor(en), exklusiv lizenziert durch Springer Fachmedien Wiesbaden GmbH, ein Teil von Springer Nature 2018, 2021
Das Werk einschließlich aller seiner Teile ist urheberrechtlich geschützt. Jede Verwertung, die nicht ausdrücklich vom Urheberrechtsgesetz zugelassen ist, bedarf der vorherigen Zustimmung des Verlags. Das gilt insbesondere für Vervielfältigungen, Bearbeitungen, Übersetzungen, Mikroverfilmungen und die Einspeicherung und Verarbeitung in elektronischen Systemen.
Die Wiedergabe von allgemein beschreibenden Bezeichnungen, Marken, Unternehmensnamen etc. in diesem Werk bedeutet nicht, dass diese frei durch jedermann benutzt werden dürfen. Die Berechtigung zur Benutzung unterliegt, auch ohne gesonderten Hinweis hierzu, den Regeln des Markenrechts. Die Rechte des jeweiligen Zeicheninhabers sind zu beachten.
Der Verlag, die Autoren und die Herausgeber gehen davon aus, dass die Angaben und Informationen in diesem Werk zum Zeitpunkt der Veröffentlichung vollständig und korrekt sind. Weder der Verlag, noch die Autoren oder die Herausgeber übernehmen, ausdrücklich oder implizit, Gewähr für den Inhalt des Werkes, etwaige Fehler oder Äußerungen. Der Verlag bleibt im Hinblick auf geografische Zuordnungen und Gebietsbezeichnungen in veröffentlichten Karten und Institutionsadressen neutral.

Springer ist ein Imprint der eingetragenen Gesellschaft Springer Fachmedien Wiesbaden GmbH und ist ein Teil von Springer Nature.
Die Anschrift der Gesellschaft ist: Abraham-Lincoln-Str. 46, 65189 Wiesbaden, Germany

Für meine Kinder

Geleitwort

Diese zweite Auflage der ersten Buchversion über die ICH-KULTUR wurde geschrieben in der Hoffnung, dass sich Menschen in einer sich verändernden Welt Klarheit über sich selbst verschaffen werden. Hätte nicht der US – amerikanische Wahlkampf erneut in den Vordergrund gebracht, wie wichtig unser aller Aufmerksamkeit bezüglich echter Fakten im Gegensatz zu Fake News, wären wir einfach so dahingeschwommen und versunken in einem Sumpf von Miss-Information und dekadenten Lebensweisen gefangen in den Krallen unverantwortlicher Medien. Medien müssen umdenken, sich ihren Werten besinnen. Fridays for Future gab uns nicht genug Druck zum Nachdenken. Die Corona-Krise weckte endlich auch den Rest in uns auf, rüttelte an Werten, Ängsten und Mut, sich einzulassen auf Ungekanntes. Die Bedeutung von Achtsamkeit gegenüber uns selbst und unseren Mitmenschen muss jetzt jeder neu definieren.

Die sich global und seit Menschengedenken verändernde Gesellschaft erfordert Einsichten über uns als Mensch. Sie erfordert Umsicht im Sinne von Achtsamkeit und Weitsicht bezüglich möglicher Konsequenzen unseres Handelns. Neuerdings werden wir, als globale Gemeinschaft, hingewiesen auf Gefahren, die manchen nicht bewusst waren. Die Corona Pandemie macht klar, dass wir uns besinnen sollten, was uns wirklich wichtig ist, wofür wir brennen und am Leben bleiben möchten.

Führungspersonen in Gesellschaft, Politik und in Unternehmen brauchen eine Aktionspause für die Reflexion über Werte, Zustände, über Kultur und was wertvolles Leben in Gemeinschaft eigentlich sein soll. Wenn nicht jetzt, wann dann möchten wir bewusst entscheiden, wie wir sein möchten. Wem möchten wir folgen und warum? Können die Menschen in Führungspositionen uns überzeugen und wie? Was brauchen wir zu unserer Zufriedenheit?

Eine bewusst entwickelte ICH-KULTUR® respektiert das eigene ICH zusammen mit der Gemeinschaft durch einen systemischen Blick auf unser Umfeld. Als Berater, Consultants und Coaches, als pädagogisch-psychologische Unterstützer der Persönlichkeitsbildung von Menschen ist die Information über kulturimmanente Aspekte unseres Seins ebenso essenziell wie das Erkennen der ICH-KULTUR unserer Klienten.

Vorwort

Persönlichkeitsbildung mit Einsicht, Umsicht, Weitsicht für ein glückliches Leben
Bücherberge über Leadership, Führungsrollen, Führungsstile, Mitarbeitermotivation füllen seit Dekaden die Displayflächen von Buchläden. Unzählige Leadership Thesen zur Performancesteigerung von Mitarbeitern finden sich im Internet. Selbst ernannte Führungsgurus lullen eine hochleistungsbereite Community von Vorgesetzten zur Elaboration ihrer Führungskompetenzen ein. Die Kernbotschaften ähneln sich bis auf wenige Ausnahmen und lassen sich auf einen kleinen gemeinsamen Nenner zusammenfügen: Führung braucht gegenseitiges Vertrauen. Vertrauen in sich selbst und den zu Führenden. Mit Vertrauen können Führungstechniken wirken. Mit Vertrauen kann es gelingen, Führungsstile zu kommunizieren. Doch mit Vertrauen kann uns motivierende Personalentwicklung nachhaltig gelingen. Vertrauen braucht Mut, Zutrauen und gegenseitige Wertschätzung. Vertrauen ist ein entwicklungsimmanentes Geschenk und entsteht in Mutualität, nämlich in Gegenseitigkeit. Technologie und ihre digitalen Errungenschaften erwachsen aus menschlichem Intellekt. Der Vertrauensbildungsprozess zwischen Menschen braucht mehr als das. Neben Intellekt braucht er spürbare Empathie und Herzensbildung. Vertrauensvorschuss ist etwas anderes als genuin gewachsenes Vertrauen. Wer dieses möchte, muss Zeit investieren.

Sie möchten Leader statt Manager sein. Einen energieaufwendigen Job haben Sie gewählt. Sie haben sich entschieden, mit den vielen Variablen des Menschseins umzugehen. Sie scheuen sich nicht davor, sich mit Befindlichkeiten und Teamkonflikten abgeben zu müssen. Ein Leader steht zu jeder Zeit im Fokus. Er ist der Fahnenträger, dem ein Team mit Ziel, Kopf und Herz folgen möchte. Ein Mensch mit Leadership Identität nimmt in vier Richtungen Einfluss, zu sich selbst, auf sein Team, in seine Organisation und in die Öffentlichkeit. Ein Leader managt Menschen nicht. Er sucht sie sich aus, nimmt sich Zeit für den Vertrauensaufbau und sorgt mit Fokussierung, visionärer Verantwortung und versierter Kommunikation, dass ihm seine Mitarbeiter begeistert folgen. So kann ein doppelter Motivationskreislauf entstehen.

Dieses Buch wendet sich an frische Führungskräfte und andere Einflussnehmer in die Gesellschaft zur Formung einer sich wandelnden Gesellschaft. Es fragt nach unseren Rollen auf der Basis unserer individuellen visionären Verantwortung für die Zukunft. Im Hinblick auf die antizipierten Folgen der zunehmenden Digitalisierung, elektronisch ferngesteuerten Dienstleistern und künstlicher Intelligenz ist es dringend notwendig, in dieser rasanten Übergangsphase unsere individuelle gesellschaftliche Verantwortung für uns selbst neu zu definieren. In zunehmender Anonymität kommunizieren wir mit Computern. Wir sind in Gefahr, digitale Programme unkritisch auszunutzen. Während die VUCA – Welt neue Schleifen dreht und uns dazu aufruft, weitsichtig mit Volatilität Unsicherheiten, Komplexität und Ambivalenz umzugehen, wünscht sich die Generation der Millenials veränderte Arbeitsbedingungen in Balance aus Selbstbestimmung, Flexibilität und erhöhter Lebensqualität. Manch einer sehnt sich nach Kommunikation mit warmer Finesse und Charme. In unserer Technik und Effizient orientierten Gesellschaft fällt es vielen Menschen schwer, Empathie zu zeigen. So manchen fehlt der Mut zu empathischem Handeln, auch wenn sie innerlich empathisch sind. Persönlichkeitsbildung ist eine kontinuierliche Entwicklung und umfasst weit mehr als Charakter. Charakter enthält Kompetenzen, die als Grundlage für moralisches Handeln dienen wie zum Beispiel das konsistente Leben bestimmter Werte. Doch globale dramatische Situationen fordern ein sich Besinnen auf unsere Menschlichkeit. Menschlichkeit bedeutet Humanität im reinsten Sinne. Das Anerkennen unserer menschlichen Bedürfnisse, die durch die Bestrebungen der Industrialisierung, Internationalisierung und Globalisierung sukzessiv in den Hintergrund geraten sind. Alarmiert durch eine wahrnehmbar gereizte Gesellschaft und die weltweit wachsende Zahl hochgestresster, ausgebrannter und herzkranker Menschen, ist es heute, für uns als Teil einer Gemeinschaft, unumgänglich, Gesundheit und Lebensqualität in verträglichem Miteinander Gemeinschaft neu zu definieren.

Die persönliche Kultur eines Leaders steht hier im Mittelpunkt. Als Führungskräfte, Lehrende und Berater tragen wir in den Bereichen Wirtschaft, Soziales und Gesundheit Verantwortung nicht nur für uns selbst, sondern im Besonderen auch für unsere Unterstellten, Kollegen und Klienten. Durch ICH-KULTUR® erlernen wir neu, unsere Bedürfnisse und Ressourcen regelmäßig zu überprüfen, unseren Körper und Geist gesund zu halten, unsere Gefühle zu balancieren und uns so beständig weiter zu entwickeln.

ICH-KULTUR® fördert ein positioniertes und kultiviertes Miteinander sowie geistige Stärke, mentale Resilienz. ICH-KULTUR® steigert Bewusstheit und Reflexion über Selbstwert und Selbstsicherheit, Entscheidungswille und Risikobereitschaft sowie den Willen zu empathischem Kommunikationsverhalten.

Ihre Jutta Malzacher, PhD

Die Originalversion des Buchs wurde revidiert. Ein Erratum ist verfügbar unter https://doi.org/10.1007/978-3-658-21506-4_8

Heidelberg, Deutschland   Jutta Malzacher

Danksagung

Meinen lieben Kindern gilt besonderer Dank für ihr Interesse und Zuversicht, ihre Wertschätzung und die seelische Unterstützung für dieses Buchprojekt. Carolin für den immer wieder fruchtbaren Austausch und Matthias für die Unterstützung bei den Abbildungen. Die Erstellung der Logos durch Peter Belgardt empfand ich als bewährt erfrischend. Danke, liebe Doro Kaiser, für die gelungenen Illustrationen zu Mine und Gert Simon. Wie schön, dass Ihr alle in diesem Projekt seid!

Inhaltsverzeichnis

1	**Einführung**	1
1.1	Warum ist Persönlichkeitsentwicklung wichtig?	3
1.2	ICH-KULTUR® als nachhaltige Persönlichkeitsbildung	5
	Literatur	12
2	**Das Konzept ICH-KULTUR®**	13
2.1	Die Elemente der ICH-KULTUR®	21
	2.1.1 Element Schicksalseinflüsse	21
	2.1.2 Element Temperament, neurobiologische Einflüsse und Reifung	27
	2.1.3 Element Multiple Intelligenzen, die MI-Theorie	32
	2.1.4 Element – Fünf Kulturvariablen und ihre Ausprägungen	34
2.2	Alles ist mit allem verbunden	58
2.3	ICH-KULTUR® und Altruismus	62
2.4	ICH-Pitch	64
	Literatur	70
3	**Gert Simon und Mine**	73
3.1	Gert Simon fällt aus allen Wolken	76
	3.1.1 Hätte Gert Simon mehr UMSICHT geholfen?	81
	3.1.2 Wer könnte Gert Simon zur EINSICHT verhelfen?	82
	3.1.3 Wie könnte WEITSICHT zu Gert Simons Leben wertvoll beitragen?	83

	3.2	Mine sucht sich Hilfe	85
		3.2.1 Wie hätte sich Mines emotionaler Stress durch mehr UMSICHT reduzieren können?	91
		3.2.2 Wie könnte WEITSICHT Mine zu einem stressfreieren und erfüllteren Leben verhelfen?	92
		3.2.3 Weitsicht für ein erfüllteres Leben	93
	3.3	Die Parkbank	95
	3.4	Einsicht – Umsicht – Weitsicht durch ICH-KULTUR® für Gelassenheit	108
	3.5	Beispiel der praktischen ICH-KULTUR®-Entwicklung im Alltag von Mine	110
	3.6	Wie ICH-KULTUR® zu einem glücklichen Leben beitragen kann	114
4	**The Presence Walk-About, A-Whole-Being-Experience**		117
5	**The Presence Walk-About, ein Körper-Seele-Geist-Erlebnis**		125
	Literatur		133
6	**Zehn Schritte zur kleinen ICH-KULTUR®**		135
	6.1	Ihre zehn Schritte zur kleinen ICH-KULTUR®	135
	6.2	Die kleine ICH-KULTUR® am Beispiel Gert Simon	139
	6.3	Aktivitäten zur ICH-KULTUR®-Entwicklung	142
		6.3.1 ICH-KULTUR® – Wahrnehmung und Kommunikation mit dem 180°-Blick	142
		6.3.2 ICH-KULTUR®-Visionsbild	143
		6.3.3 Menschliche Interaktionen mit ICH-KULTUR®	143
7	**Über die Autorin und ihre Einflussnehmer**		145
Weiterführende Literatur			149

1

Einführung

Wer wie ich als Zwillingskind aufwächst, weiß, was es heißt, angeglichen und verglichen zu werden. In den Sechzigerjahren des letzten Jahrhunderts neigte man dazu, Zwillingskinder dieselbe Kleidung tragen zu lassen. Auch bei uns war dies so. Als unsere jüngere Schwester kurz nach unserem ersten Geburtstag auf die Welt kam, wurden wir in unserem Dorf zum allseits bekannten Dreimädel-Haus. Das Bild der perfekten Bilderbuchfamilie wurde geboren, von allen Familienmitgliedern mit äußerster Hingabe aufrechterhalten und von Außenstehenden mit viel Bewunderung bedacht. Bis zum Ende der Grundschule trugen wir drei Mädchen dieselben Kleider und Schuhe, hatten dieselben Schreibmäppchen und Schulranzen. Durch zugeschriebene Farbmarkierungen konnten wir unterscheiden, welches Utensil wem gehörte. Wir hatten rechts und links lange Zöpfe, die uns unsere Mutter jeden Morgen mit Hingabe flocht, bis wir es selbst konnten. Als wir drei zur gleichen Zeit unsere Zöpfe abschnitten, war dies eine Sensation in unserer damaligen Gymnasialklasse. Mit der Entscheidung für eine neue Haartracht schnitten wir jedoch nicht die „alten Zöpfe" der Gleichschaltung ab. Wir blieben unserer Darstellung treu, wenn auch mit schwindendem innerem Gehorsam. Als reizendes Dreiergespann, ausgerichtet auf Außenwirkung, bedienten wir dieses Bild hier und da im Dilemma zwischen Vergnügen und Mutlosigkeit. Unter dem strengen Vergleich durch unsere universalistisch geprägten Eltern versuchten wir, uns perfekt anzupassen. Mit der Zeit schlich sich hier und da ein zaghaftes Verlangen ein, unser individuelles Selbstbild endlich durchzusetzen. Irgendwann, viel später, erkannte ich, dass meine Selbstwahrnehmung im Laufe meines Aufwachsens anders war als das Bild, das wir bis zum Ende unserer Schulzeit nach außen abgaben und zuweilen vergnüglich darstellten. Sehr lange zeigte sich das kollektive „Wir" für uns stärker als das individuelle „Ich", im Sinne eines Selbst. Mein „Ich" fühlte sich hier und da unpassend, geradezu rebellisch. Ein Schuldgefühl schlich sich ein. Als zweieiiges Zwillingskind ähnelte ich meiner Schwester so, wie sich Geschwister eben ähneln können. Einzusehen, in der Öffentlichkeit als Dreierpack behandelt zu werden statt als Individuum, fiel mir manchmal schwer. Selbst manche unserer Lehrer wollten uns lieber als Ganzes sehen denn als Schülerinnen mit eigenem Hirn und Herz. Manche machten sich nicht einmal die Mühe, unsere Namen auseinanderzuhalten. In der Oberstufe saßen wir im Klassenzimmer nebeneinander.

Trotz aller Bemühungen einer Uniformierung behandelten uns unsere Eltern unterschiedlich. Unweigerlich mussten sie auf unsere individuelle Persönlichkeit eingehen. Als ich mit knapp acht Jahren wegen eines Unfalls für sieben Wochen von meinen Geschwistern getrennt war, lernte ich, was „Ich" bedeutete. An das Krankenhausbett gefesselt, nahm ich es mit meinem kleinen Schicksal auf. Die Alleinzeit im sterilen Krankenhauszimmer der späten Sechzigerjahre und das strikte Spielverbot machte mich als kleines Mädchen zuweilen traurig, aber nie verzweifelt. Die vielen Besuche meiner Familie gaben mir Sicherheit. Sehr glücklich machten mich die Einladungen einer einfühlsamen Krankenschwester zu Rundgängen auf der Station. Meine Erinnerungen an den breiten, eigentümlich cremefarben glänzend gestrichenen Krankenhausflur, den Äthergeruch und das Schwesternzimmer sind noch heute sehr lebendig. Solche Ausflüge fand ich spannend. Sie wurden zu Lerngängen, die meine Vorstellungskraft anregten. Gegen mein langes Alleinsein kreierte ich Fantasiereisen und kleine Geschichten, die ich mit Gegenständen auf meiner Bettdeckenbühne darstellte. Nachsinnen und Denken war das Einzige, was ich in dieser Situation ohne Einschränkung tun konnte. In Distanz zu meinem Elternhaus, einer streng regeltreuen Unternehmerfamilie, und dem beschützenden Kokon einer wohlwollenden Kinderstube, ersann ich eine diffuse Vision für mein Leben. Ich wollte mit Menschen arbeiten und sie unterstützen. Zurück in der häuslichen Umgebung und meiner bewusst geworden, begann ich den Versuch, mich zu der zu entwickeln, die ich mir ausgemalt hatte. Lange Jahre vergingen, bis mein „Ich" frei und fest gegenüber mir selbst und anderen stehen konnte. Ich nahm eigentümliche Hürden, die sich manchmal mit Macht aufbauten. Ich verfolgte mein Ziel, machte hier und da Exkursionen in für mich noch unbekannte gesellschaftliche, geistige und intellektuelle Gefilde. Neues zu entdecken und anders zu denken, fand ich spannend. Es wurde mir klar, dass, bevor wir etwas lernen können, es in einer „Bewusstheit" landen muss. Streben wir nur artig und unreflektiert nach

Perfektion, haben Einsicht, Umsicht, Weitsicht und Nachsicht kaum eine Chance für die Persönlichkeitsbildung. Ich hatte das Glück, früh in meinem Leben Herausforderungen als Chancen sehen zu können. Jeder Mensch, selbst ein eineiiger Zwilling hat ein persönliches „Ich" und entwickelt über seine Lebenszeit eine ganz eigene Individualität. Dies schildert die amerikanische Entwicklungspsychologin Judith Rich Harris eindrucksvoll in ihrem Buch „Jeder ist anders" (Rich-Harris 2007). Die Peer Group, also die Gleichaltrigen oder Gleichgesinnten, die zu einem großen Teil durch die Eltern ausgewählt werden, haben einen entscheidenden Einfluss auf die Persönlichkeitsentwicklung des Kindes. Für mich spielt außerdem eine wichtige Rolle, wie stark und vertrauensvoll die Verbindung des Kindes zu den Eltern und Erziehern ist und welche Einflüsse aus der Sozialisationsumgebung die Lebenssicht und das sich entwickelnde Weltbild des Kindes prägen.

1.1 Warum ist Persönlichkeitsentwicklung wichtig?

„Wir sind auch für unseren Gehorsam verantwortlich", sagte Hannah Arendt (Fest 2007). Dazu gehört für mich auch, dass wir über den Sinn und Unsinn der von uns Menschen erschaffenen Standards und Regeln nachdenken. Im Anblick unserer hysterischen und immer rauer werdenden Gesellschaft halte ich es für die herausragende Aufgabe von Lehrenden und sonstigen Einflussnehmern, sich ihrer Verantwortung für die zu Führenden zu besinnen, statt Aufgaben strikt ordnungsgemäß abzuarbeiten. Im Angesicht drastischer Veränderungen auf allen Levels der Gesellschaft bis hin zur Weltpolitik haben wir die Verantwortung, über unsere Visionen und zukünftigen Rollen nachzudenken. Verantwortung für alle impliziert zunächst Verantwortung für sich selbst und unsere eigene Persönlichkeitsentwicklung. Wenn sich der Rahmen unseres Seins durch technologische, landes- und weltpolitische Gegebenheiten verändert, geraten Menschen in Unsicherheit, vielleicht sogar in Aufruhr. Unsicherheit braucht einen Gegenpol. Dieser zeigt sich in innerer Stabilität und Widerstandskraft trotz Veränderungen, also Resilienz. Die Grundlage von Stabilität ist zunächst Vertrauen in das Eigene, auch wenn sich dieses verändern möchte. Wer in sich vertraut, kann gelassener auf andere schauen. Er kann bei sich bleiben, statt sich in negativen Stress durch interpersonellen Wettbewerb zu begeben.

Berichte über Menschen, die sich von moralischen Standards und Normen unserer Gesellschaft immer weiter entfernen, mehren sich. Wünschen sich diese solche Standards nicht für ihr eigenes Leben? Sind es nur die Gier und das Machtstreben, die Menschen in der Industrie zu Handlungen reizt, die einer großen Masse und am Ende ihnen selbst schaden? Die heutige gesellschaftliche Reizbarkeit entwickelt sich nach meiner beruflichen Erfahrung aus einer immanenten Frustration. Eine unzufriedene Unruhe, das permanente Streben nach einem Mehr, von dem wir nicht einmal wissen, was es ist, scheint mir ein zugrunde liegendes Motiv. Wir lassen uns mitreißen im Strom diffusen Strebens. Abenteuer, immer mehr neue technologische Möglichkeiten und materielle Errungenschaften warten als Resultat unseres Antriebs. Wir bauen unser Ansehen auf Macht, Geld und Besitz. Wir wollen alles und scheinbar um jeden Preis. Daneben bildet die mediale Berichterstattung einen sich aufblähenden Ballon negativer Stimmung aus, der die Stimmung Einzelner beeinflusst. Irgendwann wird er platzen müssen, wenn wir nicht dafür sorgen, negative Energie abzubauen. Jeder kann dies für sich erreichen und seinen eigenen Tunnelblick umlenken. Damit könnte er seine naturgegebenen Bedürfnisse, wie Ruhe, Spiritualität sowie die Exploration von Möglichkeiten, erkennen und in der Folge nicht nur für sich sorgen, sondern durch seine verbesserte Stimmung auch zu der anderer beitragen. Die herausragende Errungenschaft unseres menschlichen Intellekts ist die Entwicklung von Möglichkeiten. Sie vervielfachen sich durch die Informationstechnologie. Freiheiten in unfassbare virtuelle und geistige Weiten entstehen. Die menschliche Freude am Spiel bringt Unverhofftes hervor. Doch warum entscheiden sich Menschen bewusst für Cyberkriminalität, Social Engineering und Spear-Phishing? Wie kommt es, dass hochrangige Manager der Automobilindustrie ein ganzes Volk belügen? Wie kann es sein, dass hartherzige Rohheit und Hass immer mehr Menschen zu brutalen Netzkommentaren oder Parteiwerbeplakaten veranlassen? Wo sind die Grundpfeiler einer moralischen Verantwortung, wenn angebliche Kollektividole sich durch raffinierte Tricks ihrer Steuerpflicht entziehen? Nun, da wir mit dem hoch ansteckenden, komplikationsreichen, selbst lebensbedrohlichen SARS – Covid – 19 Virus auseinandersetzen müssen, scheinen die hier genannten moralischen Fehltritte in den Hintergrund zu treten. Zurecht leiden Menschen momentan unter Existenzängsten. In den Wirren untergehender Betriebe, massenhaft betriebsbedingter Kündigungen bei gleichzeitiger monetärer Unterstützung durch die Regierung entfaltet sich eine neue Dreistheit. Der reihenweise Betrug durch ergaunerte staatliche Soforthilfe spiegelt unsere menschliche Schwäche, sich korrupten Verführungen nicht gänzlich entziehen zu können. Solange Menschen Möglichkeiten entdecken, werden sie sie ausprobieren und für sich nutzen. Aus Möglichkeiten entwickeln sich andere Möglichkeiten und wieder neue Möglichkeiten. Unser Gehirn möchte lernen und probieren. Doch dabei verlassen Einzelne ihren Ankerpunkt bis sie, als Sklaven unbegrenzter Möglichkeiten und Expansion, sich ganz von sich selbst entfernt haben.

Ethnozentrismus veranlasst Staatsoberhäupter mit verbalen Verzerrungen gegen andere vorzugehen, alte Verletzungen brechen auf und enden in rebellischen Akten. Die Chancen eines Dialogs versiegen im Sumpf eines allgemeinen Gefühlstumults. Aus haltloser Aggression verüben manche Menschen Ungeheuerliches an ihren Mitmenschen. Bei „Kid's YouTube" findet man populäre Kindersendungen, die durch sogenannte Trolls verändert wurden, Gewalt verherrlichen und zweifellos Kleinkindern Angst einflößen. James Bridle nennt dies industrialisierte Albtraumproduktion für Kinder. In seinem Blog „Something is wrong on the internet" (Bridle 11/2017) erklärt Bridle auch, wie harmloser Content durch Algorithmen automatisiert wird und zufällig mit anderen Inhalten zusammenfällt. So entsteht eine völlig neue Qualität des Inhalts, bis hin zur Falschmeldung. Dabei wissen die Menschen, die den Content kreiert haben, oft nicht einmal davon. Dennoch lässt sich nicht leugnen, dass es Menschen sind, die die Verantwortung für solche Entwicklungen tragen.

Während wir versuchen, mit Vollgas auf unserer Karriereautobahn nach vorne zu kommen, essen wir ohne Genuss Industrienahrung, die als besonders billig angeboten wird. Wir kaufen XXL als Schnäppchen und merken nicht, dass es Mogelpackungen sind. Vielleicht sitzen wir bis spät in die Nacht vor einer Spielkonsole, gefangen in einer willkommenen Fantasiewelt. Manch einer freut sich schon am Montag auf das „Abfeiern" am Freitagabend. Kennen wir unsere Definition von Lebensqualität überhaupt? Aus der inneren Balance, ausgebrannt oder als eines der geschätzt unzähligen Herzinfarktopfer finden wir uns im Hospital oder in einer psychosomatischen Reha-Einrichtung wieder. Haben wir unsere ICH-KULTUR® vergessen? Vielleicht haben wir sie noch gar nicht kennengelernt.

1.2 ICH-KULTUR® als nachhaltige Persönlichkeitsbildung

Über unsere Vorstellung von Lebendigkeit und gutem Leben bewusst zu entscheiden, bedeutet ICH-KULTUR® leben. Sie ist die Kultivierung unserer Person in Form einer lebensfrohen Persönlichkeitsbildung. Als herausragender Entscheidungsfaktor für unsere berufliche Orientierung bestimmen wir mit ICH-KULTUR® die Wahl unserer Freunde und Lebenspartner sowie die Wahl unserer Wohnumgebung. Wir selbst entscheiden über eine humorvolle, sinnerfüllte und eigenverantwortliche Lebensgestaltung in unserem jeweiligen Lebensraum. ICH-KULTUR® enthält sozialisierte und variable Verhaltenspräferenzen sowie determinierende Gen- und Umgebungseinflüsse. Sie beschreibt unsere Persönlichkeitsbildung gleich einer individuellen Metamorphose. Wie ein Falter, der sich aus einem Ei zur Raupe über die Puppe zu dem individuell gemusterten Schmetterling entwickelt, können auch wir uns auf Basis unserer Gene, Schicksalseinflüsse, multiplen Intelligenzen und Kulturvariablen formen.

„Wie möchte ich sein?" liegt für mich einem wahrhaftigen Persönlichkeitswachstum zugrunde. Die Erblichkeit bestimmter Merkmale bewirkt bestimmte Eigenschaften. Doch unsere Gene sind nur der Rahmen, innerhalb dessen die Umwelt ihre Wirkung ausüben kann. Umgebungseinflüsse wirken sich auf die Varianz menschlicher Verhaltensweisen aus. Wegen der Plastizität unseres Gehirns, also seiner Formbarkeit, besitzt jeder Einzelne eine herausragende Verantwortung für seine eigene Entwicklung. Tatsächlich müssen wir uns aufgrund der stetigen Veränderungen weiterentwickeln, „damit wir nicht aus der Welt fallen" (Hüther 2017). Soziale Medien und Smartphones beeinflussen die ungesteuerte Persönlichkeitsbildung heute stärker als je zuvor. In ihrem Artikel „Have Smartphones Destroyed a Generation?" (Atlantic 8/2017) beschreibt die Dozentin Jean Twenge der California State University die Folgen des iPhone-Hypes. Sie nennt die den Millennials folgende Generation „Generation iGen". Es sind jene zwischen 1995 bis 2012 geborenen jungen Menschen, die eine Welt ohne iPhone gar nicht kennen. Ihre Persönlichkeitsentwicklung läuft Studien zufolge völlig anders ab als die aller Generationen zuvor. Nicht nur fühlen sich vier von fünf Befragten einsam, trotz beinahe ununterbrochenem Kontakt zu anderen via Smartphone; die Depressions- und Selbstmordrate ist seit 2011 sprunghaft angestiegen. Schlafprobleme unter Jugendlichen sind zwischen 1991 und 2015 um 15 % gestiegen und zwischen 2012 und 2015 sogar um 22 %. Heute nehmen viermal so viele junge Menschen Psychopharmaka wie in den 1990er-Jahren. Eine gesunde Persönlichkeitsbildung hat mit einem positiven Lebensgefühl zu tun. Jedes Jahr untersucht die amerikanische Studie „Monitoring the Future" das Glücksgefühl von Jugendlichen mittels circa 1000 Fragen pro Person (Atlantic 8/2017). Das Resultat zeigt, dass Teenager, die mehr als der Durchschnitt vor dem Bildschirm verbringen, ihr Leben als weniger glücklich empfinden als jene, die mehr als der Durchschnitt mit Freunden und mit Aktivitäten ohne Bildschirm verbringen. Wer nicht glücklich ist, kann zum Glücklichsein anderer nicht beitragen. Wer emotional gestresst ist, zieht andere in ungewünschte emotionale Tiefen. Die allgemeine Stimmung trübt sich. Der

DAK Gesundheitsreport 2017 erbrachte eine signifikante Steigerung bei Diagnosen als „Reaktionen auf schwere Belastungen und Anpassungsstörungen". Psychische Erkrankungen sind inzwischen die Ursache Nr. 1 für Erwerbsunfähigkeit (vgl. Gesundheitsreport 2017). Über die enge Kopplung von psychischem Stress mit dem Herzen berichteten vor einigen Jahren japanische Ärzte. Herzinfarktähnliche Schmerzen können bei Menschen entstehen, die unter starkem emotionalen Stress oder Depression leiden. Das Tako-Tsubo-Syndrom, auch „Broken Heart Syndrome" genannt, verändert die Form des Herzens. Das Herz ähnelt dann einem Tako-Tsubo, einer Tintenfischfalle. Heute weiß man, dass chronischer Psychostress zu einer koronaren Herzkrankheit führen kann. Dem Herzzentrum der Universitätsmedizin Göttingen zufolge zählen Wissenschaftler in Deutschland täglich 575 Neuinfarkte. Nun untersucht eine neue Disziplin der „Psychokardiologie" im Herzzentrum der Universität Göttingen das Phänomen der Stress-Kardiomyopathie. Besonders Führungskräfte seien eine Risikogruppe für Herzprobleme, weil sie sich aufgrund von Erfolgsvorgaben am Arbeitsplatz sowohl physisch als auch psychisch zumeist durch unvernünftige Verhaltensweisen zusätzlich unter Druck setzten.

Nachhaltige Persönlichkeitsbildung hat gesundheitliche und ethische Relevanz. Für ein gesundes Leben trotz widriger Lebensumstände braucht es Bewusstheit, den Willen und die Entscheidung für eine geistige Bemühung. Stetig gewilltes, für jedes Individuum bedeutsames Lernen und freudiges Praktizieren mit Konzentration kann in Gelassenheit durch Achtsamkeit, humorvolle Weisheit und die geistige Freiheit von Schuldgefühlen münden. „So bin ich halt", ist eine Ausrede für Unbesonnenheit oder Trägheit. Dies belegt die neueste Gehirnforschung bezüglich der Erkenntnisse über den „freien Willen". Der Neurobiologe Gerald Hüther sagt, Entscheidungen unabhängig von unbewussten Hirnprozessen zu treffen, sei nicht möglich (Hüther 2017). Unsere Hirnfunktionen sind nicht nur, wie die des Herzens und der Leber, durch Naturgesetze deterministisch festgelegt. Handlungen werden im Gehirn unbewusst vorbereitet und angestoßen, wie eine Kette aus Dominosteinen. Durch funktionelle Magnetresonanztomografien (fMRT) fand man heraus, dass das Gehirn circa sieben Sekunden vor der bewussten Entscheidung des Menschen die Entscheidung schon getroffen hat. Dieser Dominoeffekt kann jedoch durch unser Bewusstsein gestoppt werden. In der ICH-KULTUR®-Entwicklung nenne ich dies Bewusstheit. Es gibt also nichts Verstecktes oder Unsichtbares, das für uns handelt. Als gesunde Menschen haben wir allein die Entscheidungsgewalt über unsere Handlungen. John Dylan Hanes vom Berlin Center for Advanced Neural Imaging fand in Studien heraus, dass Menschen in ihrem Hirn unbewusst angebahnte Entscheidungen aufhalten können. Laut Hanes verfügt der Mensch über einen „freien Unwillen". Dies bedeutet für die pädagogische Psychologie, dass der Mensch trotz genetischer Dispositionen eigene Entwicklungswege einschlagen kann, er muss es nur wollen und Freude daran haben. Sich in seiner Metamorphose sozusagen treiben zu lassen, ist eine Entscheidungsmöglichkeit. Eine andere ist es, sich durch Reflexion für einen anderen, als machbar angenommenen Weg zu entscheiden.

Wenn wir also heute die gesellschaftlichen Auswüchse von Gewalt, das Abgleiten in öffentlichen Betrug, verbale Boshaftigkeiten, sexuelle Belästigungen, Messerangriffe auf andere Menschen betrachten, darf man sich fragen, welches das Ich-Konzept dieser Menschen, Randalierer, unlauteren Industriellen und respektlos auftretenden Politiker mit Vulgärsprache ist. Es ist mehr als nur oberflächliche Verrohung, weil Etikette zugunsten von betonter Lockerheit in den Hintergrund geraten ist. Man darf annehmen, dass diese Menschen ihre Emotionen nicht im Griff oder sich aus strategischen Erwägungen für Niedertracht entschieden haben. Die Zäune in den Köpfen der Gesellschaft zeigen sich als Ausgrenzung von Mitmenschen. Verbale Entgleisungen von Staatsoberhäuptern und das Überhandnehmen unmoralischer Handlungen gegen den gesetzlichen Konformismus bestimmen die medialen Diskussionen. Hier und da erinnert man sich der fehlenden Etikette. Diesen Entwicklungen stehen wir scheinbar hilflos gegenüber, indem wir Schuldzuweisungen abwechselnd in die eine oder andere Richtung austeilen. Corona macht zusätzlichen Stress, bringt hier und da unbehandelten Seelenschmerz in Menschen hervor, zeigt sich in dysfunktionalen Überlebensstrategien wie der „Vogel-Strauß-Methode" als Abwehrmechanismus. Auch der sogenannte „Confirmation Bias" als Bestätigungsfehler kann momentan immer häufiger beobachtet werden. Dieser Denkfehler stützt sich auf oberflächlich konsumierte Informationen. Wenn wir eine Information für attratkiv und für uns passend sehen, glauben wir einfach, dass sie stimmt, obwohl wir keinen Beleg für ihre Richtigkeit haben. Durch selektives Zuhören nehmen wir in der Folge nur noch wahr, was wir hören möchten und fühlen uns so immer wieder bestätigt. Damit zementieren wir unser Halbwissen, kümmern uns nicht um weitere Fakten und geben unrichtige Informationen völlig überzeugt an andere weiter. Auf diese Weise könnten unsere Handlungen unangebracht und ungerecht werden, was in Aufruhr und Ungehorsam auf der anderen Seite resultieren könnte. Hier sprechen wir vom Dunning – Kruger Effekt nach den Psychologen Justin Kruger und David Dunning. So sehr an selektierte Fakten glaubend mischen wir möglicherweise „Fake News" in den allgemeinen Strudel von Miss-Information und tragen zu einem gefährlichen Cocktail selbstgerechter Überheblichkeit bei. Menschen sehen sich berechtigt, gegen einer Gemeinschaft dienenden staatlichen Anordnungen vorzugehen. Die Angst um Demokratieverlust wird vorgeschoben und die Pflicht, genau hinzusehen verweigert.

Die gegenwärtige Situation in den USA, wo die aufgeflammte antirassistische Bewegung „Black Lifes Matter" gegen Segregation und Ungerechtigkeit die allgemeine Stimmung aufheizt, hat auch hier zurecht glühende Anhänger. Dazu kommt noch, dass die fehlende Empathie – und Führungsfähigkeit des Präsidenten Trump die Infektionszahlen von Covid-19 exponentiell ansteigen ließ. Erschrecken wir über einen rational und emotional derart ungebildeten Charakter, müssen wir doch gleichzeitig erkennen, dass andernorts und in Europa weitere zur Autokratie neigenden Staatsoberhäupter mit ähnlich fragwürdigen Führungsstilen entwickeln. Andersdenkende leiden unter solchen Gegebenheiten, auch in Betrieben, kämpfen so lange mit sich selbst bis sie depressiv werden, resignieren und geben schließlich auf. Seit 2013 haben wir in Deutschland die Pflicht zum „Gesunden Führen" und zu einer obligaten „Psychischen Gefährungsbeurteilung" in Unternehmen mit mehr als einem Mitarbeiter (vgl. Bundesministerium für Justiz 2020).

In meinen Coaching-Sessions mit Führungskräften sehe ich mich den vielen unbeantworteten Fragen meiner Klienten gegenüber. Sie mühen sich mit ausfälligen Vorgesetzten, mit Intransparenz und Frustrationsstau. Gelegentlich werden sie selbst ausfällig. Sie beklagen die Nichtanwesenheit von Führungskräften oder deren Desinteresse an ihren Vorschlägen. Viele meiner Klienten zeigen eine niedrige Stresstoleranz und eine hohe Unzufriedenheit. Manche sind stark interessiert an ihrer Persönlichkeitsentwicklung, andere befinden sich so tief im emotionalen Stress, dass sie nur noch Schuldige für ihr Schicksal ausmachen können. Die Stimmung in den Betrieben nach außen scheint gut, wenn sich das Interesse dort hauptsächlich an darstellbaren Umsatzzahlen festmacht. Wie es in einzelnen Abteilungen aussieht, interessiert den Aktionär nicht. Vorstandsvorsitzende berichten selten über ihr genuines Interesse an den Mitarbeitern; dafür gibt es bei uns Betriebsräte. Hohe Zahlen an Fehlzeiten, Arbeitsverdichtung und überproportionale Überstunden erhalten hin und wieder Medieninteresse. Doch in den Betrieben nehme ich wahr, dass verstehen und verstanden werden oder nicht verstehen und nicht verstanden werden ein unverändert zentrales Thema für Mitarbeiter und Führungskräfte ist. Interpersonelle Kommunikationsprobleme und das Durchsetzen egoistischer statt allgemeiner Ziele spielen eine beträchtliche Rolle. Die fehlende Identifikation mit dem Unternehmen und eine problematische oder fehlende Führungs- und Sozialkompetenz sind häufige Themen der Teamkultur. Statt mit Führungskräfteentwicklung gebe ich mich oft mit reinem Konfliktmanagement ab. Zwar macht es mir große Freude, einen nutzbringenden Beitrag zu leisten, gleichzeitig beschäftigt mich jedoch zunehmend die Frage, woraus sich diese allgemeine Verdrießlichkeit speist. Wo findet sich die Antwort nach den wirklichen Wurzeln dieser frustranen Unzufriedenheit? Schlechte Stimmung steckt an, gute ebenfalls. Nicht jeder Geringverdiener fühlt sich gesellschaftlich abgehängt. Nicht jeder, der sich gesellschaftlich abgehängt fühlt, wird zum Randalierer. Was hält diese Menschen ab von derartigen Unsitten? Möglicherweise ist es ihre Spiritualität, ihre Religiosität, ihr Wertesystem oder ihr Glaube an Veränderung. Vielleicht aber auch ihr persönliches Verständnis von Gesellschaft und die damit verbundene Verpflichtung, sich an Gesetze zu halten. All dies gehört für mich zu einer ICH-KULTUR°. Sie entwickelt sich über unsere Lebenszeit. Mit ihr leben wir gut oder schlecht. Je bewusster wir sie selbst entwickeln, desto fester können wir stehen. ICH-KULTUR° besteht aus Determinanten und Variablen. Wir können achtsamer werden. Wir können unsere Kulturvariable, d. h. unsere Denk- und Handlungspräferenzen kennenlernen. In bestimmten ungewohnten Situationen können wir uns kurzfristig anpassen, wenn es keine unmittelbare Lösung gibt. So wie es Mine und Gert Simon in der Erzählung in diesem Buch versuchen. Wir selbst entscheiden, wie wir zukünftig in stressvollen Situationen agieren möchten. Bildungsbeauftragte sind heute mehr denn je gefragt, wie sie Menschen unterstützen möchten beim Umgang mit negativen Gefühlen wie Angst und Ärger, Trauer und Frustration sowie den unabsehbaren Folgen des Einsatzes neuer Technologien im Digitalisierungszeitalter. Wir brauchen ein Bildungssystem, das nicht nur die Determinanten von Sprache und Naturwissenschaften akademisch lehrt und systematisch abfragt. Wir brauchen eine Neuausrichtung in den Köpfen der Entscheider im Angesicht einer ungeheuerlichen Vernetzung unseres globalen Dorfes. Wir brauchen Lehrende, die sich wahrhaftig für die Weiterentwicklung junger Menschen einsetzen, statt desillusioniert den Unterrichtsstoff abzuhandeln. Wir brauchen Lehrende, die sich nicht überfordert fühlen und sich ständig über eine fehlende Homogenität in Schulklassen beschweren, sondern die ein Konzept entwickeln für den Umgang mit Diversität und der sich rasend schnell vollziehenden Digitalisierung. Wir brauchen Lehrer, die Menschen unterstützen, bewusst ihren inneren Kompass zu entwickeln, auf den sie sich verlassen und den sie weiterentwickeln können. Hierzu gehören eine praktische Wertevermittlung und deren Evaluation, Achtsamkeitstrainings, Konfliktmanagement inklusive des soziopsychologischen Verständnisses von Gruppendynamiken – nicht nur an Brennpunktschulen. Wir brauchen eine Diskussion an Hochschulen und unter Weiterbildnern für ein besseres holistisches Verständnis über eigene Stressoren und dem Umgang damit. In allen

Einrichtungen der Lehre brauchen wir dringend praktische Lebenshilfe für eine gelingende Existenz und ein funktionierendes gesellschaftliches Miteinander. In der Bildungspolitik fehlt mir der Anspruch an umfassende gesundheitsorientierte Bildungshilfen für Kinder, Jugendliche und Erwachsene, für ausländische Menschen in Organisationen, deren Integration unterstützt werden soll. Mir fehlen weiterführende tiefere Verständnishilfen für Geflüchtete, statt oberflächliche Sprach- und Integrationskurse, die sich an klassische Einwanderer wenden, statt an Geflüchtete.

Ich bin überzeugt, dass sich mit der zunehmenden Digitalisierung unser Bildungskonzept radikal verändern wird. Lehrende werden sich mehr für die bewusste Entwicklung einer persönlichen Kultur einbringen müssen. Die pure Vermittlung von Fakten geschieht schon heute mehr und mehr netzunterstützt und digital. Die Entfaltung von Potenzialen, der Umgang mit Neuem und die emotionale Stresstoleranz werden neben dem immerwährenden Thema Sozialkompetenz zentrale Bedeutung in der interpersonellen Bildung haben. Der Umgang mit emotionalem und negativem Stress kann durch die Stärkung mentaler Widerstandskraft schon im Kindesalter trainiert werden. Später kann jeder psychisch gesunde Mensch durch seine Bewusstheit über sich selbst das Konzept einer ICH-KULTUR® entwickeln. Die Frage, wer und wie man sein möchte, kann und muss sich jeder stellen. Wir haben eine gesellschaftliche Verantwortung für eine bewusste Entwicklung unserer Person als Glied dieser Gemeinschaft. Das pädagogisch-psychologische Konzept der ICH-KULTUR® packt individuelles Verhalten an der Wurzel. Es schafft Bewusstheit, Reflexion und Verständnis über das Selbst und das Miteinander. Jeder Einzelne kann damit nicht nur seinen Lebenssinn finden, sondern systembezogene Konsequenzen aus Handlungsentscheidungen abwägen und so Achtsamkeit, Empathie und Mitgefühl fördern. Das Konzept bietet Verhaltensalternativen für den Umgang mit emotionalem Stress, indem es multiple Intelligenzen und persönliche Kulturvariablen berücksichtigt, mit dem Ziel eines gelingenden gesellschaftlichen Zusammenlebens.

Mein Leben als Zwillingskind gab mir mehr Möglichkeiten als Einschränkungen. Manche der sich bietenden Möglichkeiten habe ich ausprobiert. Als Kind betrog ich sogar mit der Hilfe meiner Schwester, den Bademeister, indem meine Schwester in meinem Badeanzug für mich vom Dreimeterbrett sprang. Ich bekam den Freischwimmerschein, obwohl ich ihn nicht verdient hatte. Dies war kein unreflektierter Kinderscherz, sondern ein klarer Betrug, aufgrund meiner Angst, den Eltern mein Versagen beichten zu müssen. Das Gewissen meiner ICH-KULTUR® untersagte mir fortan solche Handlungen.

Als IPC°-Consultant und Coach nehme ich meine Aufgabe für die Persönlichkeitsbildung sehr ernst. Ich unterstütze meine – teils internationalen – Klienten dabei, eigene Ideen zu generieren, abzuwägen und umzusetzen. Diese Haltung beschreiben wir mit der „E^4-Methode": Educate – Enhance – Emancipate – Empower. Dies ist unsere Haltung als Trainer, Berater und Coachs. Wir sehen uns als Bildende, positiv Verstärkende, Befreiende und Mut-zur-Aktion-Machende. Wir setzen uns ein für eine Umkehr zu mehr Positivem und mehr Lebensfreude. ICH-KULTUR° gibt Halt, Selbstsicherheit, einen kultivierten Umgang miteinander und schließlich geistige Widerstandskraft, die eine Art Herzensbildung einschließt. Dieses Buch eignet sich als Lektüre zum Schmökern und Nachdenken gleichermaßen. Wenn Sie, lieber Leser, eine tiefere Selbstkenntnis anstreben, mit erhöhter Einsicht, geschärfter Umsicht und visionärer Weitsicht ihre Umgebung betrachten möchten, lesen Sie meine Erklärungen zur ICH-KULTUR°. Vielleicht interessiert Sie die Geschichte über Gert Simon und Mine zunächst mehr. Tools für die geschärfte Kommunikation finden Sie an mehreren Stellen bei den Erklärungen zu den Elementen der ICH-KULTUR°. Einsichten über Ihre persönliche ICH-KULTUR° erhalten Sie, wenn Sie den Anweisungen in Kap. 6 für Ihre Selbsteinschätzung folgen. In jedem Fall wünsche ich Ihnen Zeit und Ruhe für diese Lektüre.

Literatur

Arendt H (2007) Im Gespräch mit Joachim Fest. Z Polit Denken 3(1):1–15. (Mai 2007)

Bundesministerium für Justiz (2020). www.gesetze-im-internet.de/arbschg/_5.html. Zugegriffen am 15.11.2020

DAK (Hrsg) (2017) DAK Gesundheitsbericht 2017. https://www.dak.de/dak/download/gesundheitsreport-2017-1885298.pdf. Zugegriffen am 26.01.2018

Hüther G (2017) Hassprediger oder Friedensstifter: Wer willst du ab morgen sein? Interview mit Querdenken TV (3/2017)

Rich-Harris J (2007) Jeder ist anders: Das Rätsel der Individualität. Deutsche Verlags Anstalt, München

2

Das Konzept ICH-KULTUR®

ICH-Kultur® ist ein pädagogisches Konzept mit soziopsychologischer, interkultureller Grundlage. Es dient der Unterstützung der Persönlichkeitsbildung für Selbstvertrauen, Gelassenheit und mentale Widerstandskraft, auch Resilienz genannt. Leben ist Lernen und Lernen ist Leben lernen. Mentale Resilienz ist die Fähigkeit, sich rasch verändernden Situationen anzupassen, indem man individuelle Coping-Strategien entwickelt und so aus tiefen Tälern schockierender Lebensereignisse erfolgreich herauskommt. Durch die Aktivierung einer individuellen Fähigkeit zur Empathie und Achtsamkeit, fördert ICH-KULTUR® die Entfaltung eines effektiven Altruismus. Dieser hinterfragt selbstloses und nutzenorientiertes Handeln kritisch. Das Konzept der ICH-KULTUR® basiert auf folgenden Grundannahmen:

- Jeder Mensch ist ein Unikat.
- Jeder Mensch erfährt eine Beeinflussung durch individuelle Schicksalsfaktoren.
- Jeder Mensch hat multiple Intelligenzen.
- Jeder Mensch kann auf der Basis seiner körperlichen und geistigen Voraussetzungen lernen.
- Jeder gesunde Mensch ist verantwortlich für seine Entscheidungen auf der Basis einer jeweiligen Situation.
- Jeder gesunde Mensch kann im Rahmen der Möglichkeiten für seine eigene psychische und physische Gesundheit Sorge tragen.
- Jeder gesunde Mensch kann über die für ihn voraussehbaren Konsequenzen seiner Entscheidungen auf ihn selbst und das jeweilige System nachdenken.

ICH-KULTUR® als Konzept der Persönlichkeitsbildung eröffnet jedem Menschen die Möglichkeit einer eingehenden Selbstreflexion. Unsere hysterische, immer rauer werdende Gesellschaft braucht Besinnung. Unendliche Diskussionen über demokratisches Handeln, offene Rachsucht und Gewalt, die sich in Terror und Amokläufen niederschlagen, sichtbar fehlende Solidarität mit Randgruppen und wenig zivilisierte Kommunikation unter Politikern sowie in Medien deuten auf eine sich drastisch verändernde Gesellschaft hin. Unbändiges, nicht reflektiertes Streben nach Errungenschaften, Einfluss und Macht fördern Unverständnis. In der Folge begünstigen negative Gefühle wie Ärger, Neid und Eifersucht im Individuum körperliche Schmerzen. Unsere physische und psychische Gesundheit als wichtiges Gut für das Leben in einer immer diverser werdenden Bevölkerung braucht noch mehr Aufmerksamkeit, denn unsere Gesundheit ist gefährdet. 2016 standen psychische Erkrankungen (17 %) nach Muskel-Skelett-Erkrankungen (22 %) an oberster Stelle der Arbeitsunfähigkeitsgründe, gefolgt von Erkrankungen des Atmungssystems (14,7 %) (vgl. DAK-Gesundheitsreport 2017). Demgemäß führen psychische Erkrankungen zu 38,1 Fehltagen, Muskel-Skelett-Erkrankungen zu 19,5 und Atemsystemerkrankungen zu 6,5 Fehltagen. Es ist weithin bekannt, dass Muskelverspannungen häufig die Folge von psychischen Belastungen sind. Der Report listet psychische Erkrankungen entsprechend ihrer Häufigkeit in die folgenden Kategorien: Depression, Anpassungsstörungen, neurotische Störungen, Angststörungen und somatoforme Störungen.

Die Corona-Krise eröffnet uns als Bürger eine selten da gewesene Vermischung von Fakten und durch Ungläubigkeit gespeiste Verunsicherung. Die Politik bemüht sich mit ihren Möglichkeiten, Licht ins Dunkel zu bringen, besorgt über die Möglichkeit unangebrachter Entscheidungen, abwägend und dennoch unsicher wie alle. Zuviel Neues muss berücksichtigt werden. Veränderung auf höchstem Niveau braucht in der Tat eine vorsichtige Navigation, der Imperativ guter Führung. Ängste machen uns zuweilen bewegungslos. Die Furcht vor dem Verlust des bisherigen Lebensstandards, die Angst vor einem allgemeinen Ruin speist innere und äußere Widerstände. Unsicherheit macht sich breit, nicht nur in der Bevölkerung. Führende Experten und Politiker sind auch nur Menschen mit inneren Zweifeln. Anweisungsorientierte und sachliche Statements erreichen viele Bürger nicht, weil sein Herz und Hirn keine echte Betroffenheit spüren. Menschen brauchen ein Kohärenzgefühl, indem sie auf Resonanz stoßen. Auch Politiker als oberste Führungskräfte des Staates brauchen diese. Daher besteht erfolgreiche Führungskommunikation auch aus einer Mischung zwischen Beziehungs- und Faktenorientierung.

Die herausragende Aufgabe von Führungskräften, Beratern und Lehrenden sowie sonstigen Einflussnehmern auf die Gesellschaft ist, sich der Verantwortung für ihre eigene Gesundheit und eine gesundheitsunterstützende Führung ihres Klientels zu besinnen. Verantwortung, auch im Angesicht der Digitalisierung, impliziert für alle, die eigene Persönlichkeitsentwicklung und Herzensbildung (Goethe, J. W. 1786) ernst zu nehmen. Introspektion, also das In-sich-Gehen, können wir nutzen, um uns eine Welt ungeahnter persönlicher Möglichkeiten zu erschließen – für ein lebendiges, sinnerfülltes Leben und den gelingenden Umgang mit anderen. Wir alle möchten unsere Grundbedürfnisse befriedigen. Essen, Trinken und Schutz sind elementar für das Menschenleben. Die meisten Menschen brauchen darüber hinaus das sichere Gefühl, dazuzugehören. Wir suchen empathische Menschen, die zeigen, dass sie sich in uns hineinfühlen. Wir nehmen an, dass Körper und Geist eines jeden Menschen ein Verlangen nach Herzenswärme haben. Die kaltherzige Kalkulation von Vorteilen möchten wir gerne dem Business überlassen, doch auch Business wird ausschließlich von Menschen gemacht und angetrieben. Dabei besteht weithin Konsens, dass ein balanciertes Zusammenspiel von Herz und Hirn einen beträchtlichen Anteil am Wohlergehen des Körpers hat und sich damit fraglos auf unsere Gesundheit auswirkt. Wir wissen heute, dass mentaler Disstress direkt im Zusammenhang steht mit Herzerkrankungen.

Die Bewusstheit über sich selbst kann im zwischenmenschlichen Umgang eine bemerkenswerte Wirkung auf andere Menschen haben. Wir nehmen Einfluss auf unsere ganzheitliche Entwicklung. Manchmal lassen wir uns von großen Worten Mächtiger beeindrucken, doch auch ein eher unscheinbarer Mensch mit bescheidener Haltung kann sich als enorm wertvoller und begeisternder Weggefährte entpuppen. Manchmal werden diese Menschen zu unserem persönlichen Vorbild. Vielleicht ein Leben lang dauert unsere Bewunderung für sie. Vermutlich fühlen Sie, lieber Leser, sich reich beschenkt, wenn Sie eine solche Person kennen. Dankbar pflegen wir dann solche Bekanntschaften mit wertschätzender Kommunikation. Oft bleibt es nicht nur bei reiner Bewunderung. Vielleicht haben Sie selbst schon erkannt, dass Sie Ihren Vorbildern hier und da etwas abschauen? In diesem Fall werden Sie zum inspirierten Schüler. Was genau lernen Sie von diesem Modell? Was schaut man gerne ab? Ist es das Verhalten, der Gefühlsausdruck, die Sprache oder die Einstellung einer Person, vielleicht ihre Kommunikation, Kleidung oder ihr Lebensstil? Oder ist es der Gesamteindruck, der sich für Sie über die Jahre der Bekanntschaft manifestiert? Ich nenne dieses Gesamtpaket ICH-KULTUR*. Als stetiger Prozess der Einsicht, Umsicht und Weitsicht entwickelt sie sich über die Lebenszeit und ist damit die Grundlage für eine bewusste Persönlichkeit.

ICH-KULTUR® hat nichts mit Sigmund Freuds ICH, ES und Über-ICH zu tun, auch nicht mit Egoismus oder Ichhaftigkeit. Sie ist auch weit mehr als erlernte Etikette. Sie ist keine weitere Persönlichkeitsanalyse mit Farbkategorien. Sie beschreibt eine innere Haltung bewussten authentischen Lebens durch Identität mit der Akzeptanz von Veränderung. In der Konsequenz führt sie zu flexibel selbstgestaltendem, authentischem und kultiviertem Verhalten. Sie erhöht unsere Aufmerksamkeit, fördert mit ihrer Werteorientierung den individuellen Entwicklungswillen und sein Moralempfinden. Für ICH-KULTUR® gibt es keine Tests. Jeder kann sein kultiviertes Innere selbst einschätzen. Wer mit ICH-KULTUR® lebt, wird automatisch achtsamer. Damit hat sie elementaren Einfluss auf unsere geistige Stärke und Stressresistenz.

Wie möchte ich sein?
Neulich war ich zu einer Lesung eingeladen, bei der die Autorin, bekannt aus Radio und Fernsehen, einem gefüllten Komödienhaus ihr neuestes Buch vorstellte. Mich beeindruckte die geradezu unzähmbare Energie und wuchtvolle Komik, mit der sie, als Alleinunterhalterin für Frauenpower, den Bühnenraum füllte. Trotz ihres offensichtlich großen schauspielerischen Talents, passte für mich irgendetwas nicht zusammen. Während der Vorstellung bedrängte mich unentwegt das Gefühl einer gravierenden Divergenz zwischen Auftritt, Person und Lesung. Solange die zarte und fotogene Person charmant mit ihrer schwäbischen Herkunft kokettierte, rang sie auch mir ein Lächeln ab. Ihre ansonsten aufdringlich stimmgewaltige Abrechnung mit ihrer Familie in unaufhörlicher Vulgärsprache fiel mir schon lange vor der Pause lästig. Es gelang mir nicht, ihre Botschaft zu identifizieren. Hatten sie Schauspiel- und Sprechtrainer unglücklich beraten? Sieht sie sich so, wie sie sich darstellt? Während sie sich für die Authentizität der Frauen stark machte, die Verrohung der Gesellschaft anführte und sich für einen weiblichen Gott mit dem Namen Brigitte einsetzte, bemühte sie in ihrer eigenen Darstellung exakt die männlichen Stereotype, die sie beschrieb. Immer wieder sah ich ein kleines Mädchen auf der Bühne, das mehr sein wollte als ein nettes Mädchen. Aber was sollte dies sein? Meine Nachbarin rechts klatschte selten verhalten, meine Nachbarin links war überrascht über den Auftritt, den sie, wie sie sagte, als ganz anders empfand als das, was sie über die Autorin aus dem TV kannte. Dennoch traf die Darstellerin mit ihrem Auftritt den Nagel auf den Kopf. In den Stuhlreihen vor mir und hinter mir johlten lachende Beifallrufe.

Identität und Authentizität sind elementare Aspekte unseres Seins. Als IPC®-Coach für Führungskräfte spüre ich bei meinen Klienten hin und wieder eine fehlende Konvergenz des Innen und Außen. Wir weisen unsere Klienten auf diese Beobachtungen hin. So kann er oder sie explorieren, wann sie Verhalten als authentisch empfinden und wann nicht. Der Grundpfeiler hierfür ist die Identität, die Einheit von Einstellungen, Gefühlen und Verhalten, ein dynamisches Selbstkonzept (Köck und Ott 1994). Meine Identität beinhaltet für mich alles, was zu mir gehört und für mich relevant ist. Hierzu gehören Gene, Herkunft, Erfahrungen und soziale Interaktionen, Religion und Lebensumgebung, wobei ich die Letzteren zu einem bestimmten Zeitpunkt in meinem Leben mehr oder weniger beeinflussen kann. Je klarer das Identitätsgefühl eines Menschen, desto stärker ist sein Selbstwertgefühl. Entsprechend selbstsicher wird er sich verhalten und entsprechend stark kann seine Kontrollüberzeugung sein. Bei unklarer Identität fällt es uns schwer, authentisch zu sein. Authentizität hat mit Übereinstimmung zu tun, mit Glaubwürdigkeit und Unverfälschtheit. Es geht um das Original, das Echte, das sich stetig entwickelt und doch immer ein Original bleibt.

Die Klientin war eine junge, erfolgreiche deutsch-amerikanische Businessfrau. Sie beklagte ein unstillbares, diffuses Verlustgefühl, das über die Jahre immer stärker geworden war. Ihre negative Energie nahm zu, bis diese sich auf ihr Teamverhalten auswirkte. Ihr Unwohlgefühl wurde zur Traurigkeit bis hin zu einem Gefühl, nicht dazuzugehören. Zu mir kam sie mit dem Wunsch, gemeinsam an ihrem professionellen Verhalten und ihrer Teamführung zu arbeiten. Sehr schnell erkannten wir den wahren Grund ihrer Unbehaglichkeit. Sie fühlte sich „identitätslos". Ihr Vater, der die Familie vor langer Zeit verlassen und den Kontakt abgebrochen hatte, war Angehöriger einer nordamerikanischen indigenen Gruppe. Meine Klientin suchte Klarheit über ihre Herkunft. Während unserer Zusammenarbeit erkannte sie, dass sie dieses Bedürfnis stillen musste. Eines Tages entschloss sie sich, ihren Job zu kündigen, in den USA ein Studium über indigene Völker zu beginnen und eine Zeit lang beim Stamm ihres Vaters leben zu wollen. Mit Begeisterung fertigte sie ihr Motivationsschreiben für die amerikanische Universität. Dann kam die Zusage und unsere Wege trennten sich. Ich bin noch immer sehr berührt von der Zeit unserer Zusammenarbeit und freue mich über den Mut dieser jungen Frau auf der Suche nach ihrer Identität.

Wir alle entwickeln uns ein Leben lang. Wie bewusst wir diese Entwicklung und unser Sein beeinflussen, ist abhängig vom Interesse des Individuums. Vor 500 Jahren sinnierte Erasmus von Rotterdam, der niederländische Vordenker, über den freien Willen des Menschen. Zweifellos geht jedes moderne pädagogische Konzept von dem freien Willen eines Menschen aus. ICH-KULTUR® wird geleitet durch ein humanistisches Menschenbild und die Gestalttheorie. „Das Ganze ist etwas anderes als die Summe seiner Teile" (Max Wertheimer 1924/1925) ist die systemische Grundlage der ICH-KULTUR®. Manche meiner Klienten kommen mit dem Anspruch zu mir, herauszufinden, wer sie sind. So mancher sieht das Selbst als etwas in Stein Gemeißeltes, etwas Unveränderliches; es möchte etwas scheinbar Gegebenes analysieren. IPC®-Coachs fragen jedoch nicht „Wer bin ich?", sondern „Wie möchte ich sein?". Ich selbst habe mein ganzes Leben bewusst an dieser Frage über mein Sein und meine Identität gearbeitet. Mein Credo ist bis heute „Leben in Freiheit mit Verantwortung und Toleranz der Vielfalt, unter Einhaltung gesellschaftlich vereinbarter Regeln". Dem Sehen (von Modellen während der ursprünglichen Sozialisation) und dem Erkennen (dass ich Dinge anders machen möchte) folgte das Ausprobieren. Erfahrungen initiierten meine ureigenen Verhaltensübungen. Meine Studien ließen mich Erlerntes ausprobieren. Danach wurde verworfen und neu ausprobiert. Während ich heute meine Erkenntnisse an meine Klienten weitergebe, geht mein eigener Entwicklungsprozess kontinuierlich weiter. Gerade heute, wo sich die stetige Veränderung von Gesellschaften drastischer als zuvor zeigt und wir im Angesicht von Argwohn und Gewalt so oft ratlos sind, wollen neue Konzepte des verantwortungsvollen Zusammenlebens in Diversity, in Vielfalt, gefunden werden.

Wer sich entschließt, ein werteorientiertes Leben in Gelassenheit und kultiviertem Verhalten zu leben, darf sich auf diese Arbeit freuen. Das Selbst zu explorieren, kann wie eine Wanderung durch eine blühende Berglandschaft sein. Wenn wir genau schauen, erkennen wir dort in den Blumen die Vielfalt schöpferischer Evolution. Auf unserem Lebensweg können wir erfahren, welche Wirkung jede Art dieser Vielfalt auf uns hat und wie wir selbst auf unsere Umgebung wirken. Wir werden bewusster entscheiden und in der Folge Konsequenzen fein abwägen. Weil wir bei diesem Lernen in Demut gut gestimmt sind, können wir negative Gefühle bezwingen, wo sie unser Weiterkommen stören. Wir können auch erkennen, dass uns unsere negativen Gefühle Botschaften geben, die wir für unser geistig-seelisches Wachstum mutig entschlüsseln können. Damit ist der Weg in Richtung mentaler Widerstandskraft eingeschlagen.

Durch Einsicht über Zusammenhänge, durch umsichtiges und weitsichtiges Verhalten vertiefen sich Respekt und Rücksicht gegenüber uns selbst und anderen. Mit steigendem Selbstwert nimmt die Selbst-Sicherheit zu. Somit haben wir einen Schlüssel in unserer Hand für ein nachhaltig gelingendes gesellschaftliches Miteinander in unserer globalisierten Welt, die bewusst entwickelte ICH-KULTUR®.

Einsicht

ist Erkennen. Sie benötigt gewillte Achtsamkeit und Konzentration auf das individuell Wesentliche. Einsicht üben ermöglicht, Fakten zu suchen, sie zu finden und zu verstehen. Der Mensch kann seine positiven und negativen

Gefühle gleichermaßen wertschätzen und den Umgang mit ihnen schärfen, indem er lernt, seine typischen Reaktionen auf vormals gemachte Erfahrungen zu entdecken, und sich so besser einschätzen kann. Nur durch Reflexion werden wir wahrhaftig einsichtig, nicht durch puren Gehorsam oder das unkritische Abarbeiten von Aufgaben. Je reflektierter wir sind, desto eher kann unser Gehirn lernen, unbekannte Situationen intuitiv zu antizipieren und so schwierige Situationen zu meistern. Einsichtiges Verhalten im Alltag zeigt sich im Hinhören, im wohlwollenden Zuhören und in der Akzeptanz anderer Ideen oder Meinungen. Einsicht bedeutet auch die Akzeptanz des Unveränderlichen, dem Eingeständnis unseres begrenzten Einflusses in manchen Situationen und die Klarheit über vorhandene soziale Systeme, die unsere Umsicht benötigen.

Umsicht
benötigt Aufmerksamkeit, Konzentration und einen 180°-Blick bei wichtigen Entscheidungen und im Leben als solches. Sie ist Betrachtung unter Einbeziehung von Fakten durch reflektorische Fragen und Nachdenken. Das Resonanzphänomen und die Spiegelneurone bei menschlichen Transaktionen tragen wesentlich dazu bei, ob Menschen sich sympathisch sind oder nicht (Bauer 2016). Bewusst gelebte Umsicht kann berücksichtigen, dass die Bedürfnisse und Gefühle aller Involvierten in einer bestimmten Situation durch Einsicht anerkannt werden. Im Falle nicht gut funktionierender Spiegelneuronen müssen wir mit negativen Auswirkungen auf die interpersonelle Kommunikation des Betreffenden rechnen. Im Alltag zeigt sich Umsicht einfach, wenn Menschen anderen Menschen die Tür aufhalten, statt dem Nachfolgenden die Tür vor die Stirn knallen zu lassen. Radfahrer, die ihre Radwege benutzen und auf Fußgänger ebenso Rücksicht nehmen wie diese auf sie. Sie zeigt sich bei Führungskräften im täglichen Nachspüren der Teamstimmung. Umsichtig sein bedeutet auch die helfende Unterstützung von Mitmenschen in Form pro-sozialem Verhaltens. Psychologen der Universität Groningen, NL untersuchten das Verhalten „Einfühlender Fürsorger",Empathic Concern (Niezink et al. 2017). Die Studie mit 1273 Probanden bestätigte Untersuchungen der 1980er-Jahre über pro-soziales Verhalten (Shaver et al. 1987) mithilfe des ERQ (Emotional Response Questionnaire). Demnach unterscheiden die Forscher zwischen zweierlei Arten der einfühlenden Fürsorge. Motive helfender Menschen zeigen sich als signifikant für die Praxis der psychosozialen Beratung, für Business und Life Coaches sowie für uns als IPC Consultants. Wissenschaftler unterscheiden zwischen Mitgefühl/Mitleid (Sympathy) und Zartgefühl/Sanftheit (Tenderness). Mitgefühl entsteht demnach in Menschen, wenn sie andere Menschen und Tiere in momentanen

hilfsbedürftigen, problematischen Situationen Notsituationen, in Diskrepanz mit Wohlgefühl wahrnehmen. Mitgefühl kann sich leicht in Mitleiden entwickeln und gehört zu negativen Gefühlen der Kategorie Traurigkeit. Dagegen zählen Forscher Zartgefühl als Sanftheit zu positiven Gefühlen der Kategorie Liebe. Führungskräfte sollten erkennen warum sie einen Menschen unterstützen möchten. Wenn wir unbewusst handeln, kann es sein, dass wir emotionale Grenzen unserer Kollegen oder Unterstellten überschreiten in der Annahme diese suchten nach Hilfe. Eine liebevolle Haltung der Sanftheit kann uns ebenfalls in die Falle des Führungsversagens führen, indem wir uns ausschließlich auf die Funktion „netten" Verhaltens verlassen. Führungskommunikation umfasst mehr als nur ein nettes Lächeln. Sind wir uns also unserer inneren Haltung gegenüber einer bestimmten Situation bewusst, können wir unsere Kommunikationsstrategie entsprechend ausrichten. Diese setzt auf Weitsicht.

Weitsicht

ist achtsames, konzentriert zielgerichtetes Nach-vorne-Schauen, unter Betrachtung möglicher kurz- und langfristiger Konsequenzen unseres Handelns, und die Entwicklung einer Vision. Der Geübte kann durch Intuition unbewusst vorausschauend handeln. Antonio Damasio (2005) spricht von Intuition in Verbindung mit „somatischen Markern" im Gehirn. Sie sind ein Signalsystem, das uns aufgrund von gemachten Erfahrungen emotional nicht tragbare Handlungen ausschließen lässt. Erkennen können wir dies an unseren körperlichen Reaktionen, wie z. B. feuchte Hände, schneller Pulsschlag und Grummeln im Magen (Radin 2004). Im Alltag zeigt sich gesunde Weitsicht vor allem bei der multiperspektivischen Entscheidungsfindung mit der gleichzeitigen Akzeptanz, dass wir nie wissen, welche überraschenden Einflussfaktoren unsere zukünftigen Handlungen zum Scheitern bringen könnten.

Im Sinne einer umfassenden Persönlichkeitsbildung braucht die Entwicklung der ICH-KULTUR° Empowerment durch Anleitung und ausdauernde Übung. Alle Bildungsorganisationen sollten sich zukünftig der Verantwortung stellen, sich zugunsten des Verständnisses einer diverser werdenden Gesellschaft neue pädagogische Methoden anzueignen. Darüber hinaus bin ich überzeugt, dass ein Zugang zur authentischen und partizipativen Führung nur durch Klarheit über die eigene ICH-KULTUR° geschehen kann. Einsicht, Umsicht und Weitsicht und ein „effektiver Altruismus" können so wirkungsvoll praktiziert werden. Betrachten wir nun die vier Elemente der ICH-KULTUR°.

2.1 Die Elemente der ICH-KULTUR®

Die vier Elemente der ICH-KULTUR® zeigt Abb. 2.1. Sie veranschaulichen die Komplexität unseres psychischen Seins.

Wer seine persönliche Kultur entwickelt, wird durch gesteigerte Umsicht, Einsicht und Weitsicht zwangsläufig ein lebendigeres Leben führen. Wir werden offener, einfühlender und achtsamer. Keines der vier Elemente ist für mich vernachlässigbar. Berater oder Coachs, die sich mit Persönlichkeitsbildung beschäftigen, mögen die vier Elemente als Struktur verwenden. Einem Menschen, der Interesse an einem werteorientierten Leben hat, kann das Verständnis seiner ICH-KULTUR® helfen, nicht nur seine Bedürfnisse zu beachten, sondern auch die seines Gegenübers. Zügige Konfliktlösungen hätten damit eine Chance. Führungskräften und Menschen in emotionalem Stress können Erkenntnisse aus den vier Elementen helfen, besser mit ihrem emotionalen Stress umzugehen. Betrachten wir nun die Elemente im Einzelnen.

2.1.1 Element Schicksalseinflüsse

Am Anfang unseres menschlichen Werdens stehen Mächte, die wir nicht aktiv beeinflussen können. Es sind unsere Gene, unsere Gesundheit und unsere initiale Sozialisation sowie die geografische Umgebung, in der wir aufwachsen.

Abb. 2.1 Die vier Elemente der ICH-KULTUR®

Abb. 2.2 verdeutlicht, welche zumeist nicht beeinflussbaren Aspekte im Laufe unseres Lebens zu individuellen Lebensumständen führen.

Wer in einer liebevollen Umgebung in Frieden groß wurde, kann sich kaum vorstellen, wie es ist, sich in einer gewaltbereiten oder feindseligen Umgebung zu sozialisieren. Wer wegen Naturkatastrophen, wie Erdbeben, Dürre oder Vulkanausbrüche, sein Zuhause verliert oder wegen Kriegen fliehen muss, wünscht sich zukünftig vielleicht nichts als Sicherheit, Essen und das Gefühl, lebendig zu sein. Arm oder reich sein oder auch Kinderarbeit bedeutet nicht automatisch einen Mangel an Liebe und Zuwendung der Umgebung. Geschlechtliche Diskriminierung, der Mangel an Beziehung und schützender Gemeinschaft haben jedoch nachhaltige Wirkung auf eine unbewusst stattfindende Persönlichkeitsentwicklung. Eigene gesundheitliche Einschränkungen, wie Behinderungen oder chronische Krankheiten, beeinflussen die Art, wie wir unser zukünftiges Leben gestalten. Wer als Co-Betroffener in der Sozialisationsumgebung Begleiter von Schwerkranken ist, wird sein Leben individuell anders einrichten als jemand, der solche Herausforderungen nicht erlebt. Psychologen berichten, Traumata seien in Menschen häufiger zu finden als wir annehmen. Schicksalhafte Einflüsse können Begegnungen oder gemeinschaftliche Umgebungen sein, die uns weiterbringen oder hemmen. Unsere Religionszugehörigkeit kann uns befreien oder einschränken, beglücken oder leiden lassen. Ebenso kann ein Mangel an Spiritualität für Menschen der Grund für ein Gefühl der Haltlosigkeit sein. Überraschende, einschneidende Geschehnisse im Laufe unseres Lebens könnten sich für uns als Schicksalsschläge manifestieren. Psychologen nennen Geschehen, das sich auf die soziale Position des Individuums auswirkt „Major Life Events". Für Führungskräfte, Berater, Lehrende, Mediziner und Pfle-

Geschlecht, Gene, Geburt und Aufwachsen in geografisch-klimatischem Umfeld	Sozialisation in Landes- und Regionalkultur, Eltern und sonstige Einflussnehmende, Lebensstandards, spätere Einflüsse durch Gewalt, Krieg, Flucht, Friede, politische Verfolgung etc.
Körperliche Einschränkungen, Behinderungen, Krankheiten, Allergien	

Abb. 2.2 Schicksalseinflüsse und Werte

gende ist die Betrachtung bestimmter Schicksalseinflüsse essenziell für ein umfassendes Verständnis ihrer selbst aber auch ihrer Untergebenen. Die Bewusstheit über bestimmte schicksalhafte Lebensumstände halte ich für essenziell im Umgang mit individuellem emotionalen Stress, weil so die Entwicklung mentaler Resilienz leichter geschehen kann. Sozialisation hört nicht auf, wenn wir aus den Kinderschuhen sind. Für mich findet sie kontinuierlich statt, weil sich das Gehirn eines mental und neurobiologisch gesunden Menschen kontinuierlich bildet. Aufgrund seiner Plastizität kann das Gehirn in gewünschte Richtungen ausgebildet werden. Der Mensch könnte auch mit unglücklichen Gegebenheiten oder Widrigkeiten seines Lebens ins Reine kommen. Trotz Missgeschicken und überwältigenden Herausforderungen kann es gelingen, ein gutes, zufriedenes und glückliches Leben zu führen.

Mein neunzehn Jahre alter Sohn erkrankte lebensbedrohlich an einer Perikarditis mit unklarer Genese. Für die ganze Familie war dies ein Schock und für ihn ein Major Life Event, da sich sein bis dahin fröhliches Leben drastisch änderte. Nachdem er am offenen Herzen operiert worden war, hofften wir auf Genesung. Diese blieb aus. Auf der Suche nach Krankheitsursachen und Hilfe, reisten wir fortan zu Ärzten in ganz Deutschland, telefonierten mit Experten in UK und USA und ernteten, mit wenigen wunderbaren Ausnahmen, zumeist Interesse – oder Hilflosigkeit vonseiten der Schulmedizin. Irgendwann akzeptierten wir, dass er unter einer namenlosen chronischen Erkrankung leiden musste. Mein Sohn erlebte seine Krankheit mit für mich bis dahin unvorstellbaren Tiefen, häufiger Intensivmedizin und zahllosen Krankenhausaufenthalten. Erfreuliche Höhen nahm er in den folgenden langen Jahren als Motivation zum Weiterleben. Dennoch bleibt sein Charme und beeindruckender Humor bis kurz vor seinem Abschied für Familie und Freunde unvergessen. Wir liebten und vermissen ihn sehr. Meine große Bewunderung gilt seinem duldsamen Ertragen des Leidens mit stetig beklemmender Luftnot, Panikattacken, undefinierbaren Autoimmunproblematiken sowie Herzfunktionsstörungen und deren gravierenden Folgen. Gleichzeitig strebte er nach Entwicklung mit unstillbarem Interesse an Biologie, den Naturgesetzen, Naturmedizin, der universellen Energie und allem, was Menschen verbindet und trennt. Nachdem er sein Schicksal akzeptiert hatte, entwickelte er seine ICH-KULTUR sichtbar. Er lernte unaufhörlich und wurde zum Sorgenden für seine ganze Familie, indem er die Erkenntnisse seiner Studien leidenschaftlich an uns weitergab und uns kontinuierlich erinnerte, ein gesundes, fröhliches Leben zu leben. Meine Hochachtung kann nicht groß genug sein. Systemisch gesehen kann ich überzeugt, dass durch die chronische Erkrankung und Situation dieses Menschen, die gesamte Großfamilie und einige nahe Freunde einen kollektiven Entwicklungsschub in unterschiedliche Richtungen erlebten. Es ist abzuwarten, inwiefern sich diese Erfahrungen auf die Entwicklung seiner ihm nahestehenden Geschwister auswirken werden.

Neuere allgemein-psychologische Studien belegen, dass Schicksalseinflüsse eine Entwicklung der Persönlichkeit initiieren (Specht 2011). Eine Langzeitstudie an der University of Michigan mit über dreizehntausend Australiern über vier Jahre behandelte das Maturity Principle der BIG FIVE, d. h. das Reifungsprinzip der BIG-FIVE-Persönlichkeitsaspekte. Hier wurde belegt, dass sich die Persönlichkeit aufgrund von Schicksalseinflüssen entwickelt und sich aufgrund von sogenannten Major Life Events sogar verändert (Wortman et al. 2012). Diese haben einen konkreten Beginn und markieren den Zeitpunkt einer Veränderung der Position des Individuums in der Gesellschaft (Luhmann et al. 2014). Darüber hinaus belegen Berichte und Untersuchungen der Kriegs- und Nachkriegsgenerationen in Deutschland, wie ganze Generationen in ihrer Persönlichkeitsentwicklung beeinflusst wurden durch Familienangehörige und deren Persönlichkeitsentwicklung als Folge der Erziehung im Dritten Reich und/oder ihrer Kriegserlebnisse von WW I und WW II (Knoch et al. 2012). Ethnische und kulturell prägende Einflüsse sind einerseits manchmal Teil von Major Life Events, andererseits sind sie ganz normale Spielarten unseres Lebens. Im Folgenden beschreibe ich, wie sie zur ICH-KULTUR® beitragen.

Ethnische und kulturell prägende Einflüsse
Sie erinnern sich an die amerikanisch-deutsche Businessfrau, die wegen des indigenen Teils ihrer Herkunft auf der Suche nach ihrer Identität war. Dabei entdeckte sie, dass sie durch ihre partikularistische Prägung und ihre Beziehungsorientierung in der eher universalistisch geprägten deutschen Firmenkultur immer wieder an ihre emotionalen Grenzen stieß. Universalistisch geprägte Kulturen ziehen der Beziehungsorientierung rationales und professionelles Handeln vor und erwarten Regeltreue, während partikularistisch und daher beziehungsorientierte Kulturen gern mehrere Perspektiven einnehmen und einvernehmliches Handeln vorziehen. Identitätsstiftende ethnische Einflüsse haben nach meiner Erfahrung oft größte Auswirkung auf den individuellen Grad der Zufriedenheit und das daraus folgende, möglicherweise auch vorgeschriebene Verhalten von Menschen in bestimmten Lebenssituationen. Eine Studie (Binschedler 2017) untersuchte den Grad der Wertschätzung und des Stolzes von Amerikanern, Briten und Deutschen bezüglich ihres Heimatlands. Die Befragten waren Mitarbeiter, die als sogenannte „Serial Expats" regelmäßig für längere Zeit ins Ausland entsandt werden. 44 % der deutschen Entsandten sind der Studie zufolge stolz auf ihr Heimatland

und 23 % sehr stolz. 36 % der amerikanischen Expats antworteten, sie seien stolz und 34 % sehr stolz. 47 % der britischen Expats gaben an, sie seien stolz auf ihr Heimatland, 17 % waren sehr stolz. Im Vergleich mit Menschen, die nicht entsandt worden waren, sah es die Studie als erwiesen an, dass Expats eine ganz eigene Kultur entwickeln. Darüber hinaus seien sie kreativer, unabhängiger und hätten öfter intellektuell anspruchsvollere und leitende Jobs.

Für das Konzept der ICH-KULTUR® bestätigt sich damit, dass vor allem auch Erfahrungen mit dem Fremden die persönliche Mentalität und Kultur prägend beeinflussen. Wer zu Hause bleibt und das Fremde zu sich hereinlässt, kann ebenfalls eine intensivere Entwicklung durchleben, die in mehr Akzeptanz des Andersartigen resultieren könnte. Hierzu zählen zum Beispiel die Berücksichtigung von muslimischen Gebetsgewohnheiten oder der Grad der Bedeutungszumessung und Rücksichtnahme auf Familiensituationen im Herkunftsland von „Expats" in Deutschland. Ein indischer Arbeitnehmer in Deutschland reiste unvermittelt nach Indien, um einer kranken Familienangehörigen beizustehen. Er kommunizierte nur spärlich mit seinem Arbeitgeber und meldete sich erst Monate später an seinem Arbeitsplatz in Deutschland zurück. Mit Unverständnis hatte die deutsche Firma darauf reagiert, sein Gehalt zurückgehalten und schließlich einen neuen Mitarbeiter an seine Stelle gesetzt. Wer als Führungskraft solche ethnischen Aspekte der Persönlichkeit und zusätzliche Schicksalseinflüsse seines Mitarbeiters unberücksichtigt lässt, könnte, wie hier geschehen, mit unliebsamen Überraschungen im Geschäftsalltag konfrontiert werden und so emotionalem Stress ausgesetzt sein. Meine eigene Erfahrung mit indischen Expats ist vielfältig und erfrischend, obgleich ihre positive, gelassene Haltung und ihr freundlicher Gesichtsausdruck von meiner deutschen Umgebung häufig als irritierend aufgenommen werden. Einmal meinte eine deutsche Mieterin, sie fühle sich von den indischen Mitbewohnern nicht ernst genommen, wenn sie ihnen Regeln erläuterte, weil sie immer lächelten und den Kopf eigenartig wiegten. Der Vorgesetzte eines indischen Mitarbeiters berichtete Ähnliches. Viele deutsche Arbeitnehmer sind es gewohnt, konzentriert zu schauen, wenn sie ein Problem lösen. Wir kennen es alle, dass, wenn wir uns anstrengen und eine Arbeit besonders gut und perfekt machen möchten, wir uns leicht verkrampfen. Anstrengung und Lächeln sind schwer vereinbar. Daher erscheint das Lächeln von Tänzern auf dem Turnierparkett wohl auch so aufgesetzt und künstlich. Mit wenigen Ausnahmen erlebe ich in meiner Arbeit und in bestimmten Berufsgruppen deutsche Stereotype, die sich ein fröhliches Gesicht und lockeres Verhalten erst in Arbeitspausen erlauben oder zum Feierabend. Ein ernster Gesichtsausdruck zeigt augenscheinlich, dass man sich Mühe gibt. Doch Perfektionismus ist der

Feind von Flow und Spaß. Flow wird nicht nur subjektiv empfunden und führt zu freudigem Arbeiten, er kann auch bildgebend durch Gehirnstrommessungen dargestellt werden (Esch 2013). Der Satz „Zuerst die Arbeit, dann das Vergnügen", hält sich bis heute hartnäckig in manchen meiner deutschen Kundenbetriebe. Wir wissen, dass Neugier, Spaß und Fröhlichkeit Menschen zusammenbringt und somit zu höherer intrinsischer Motivation führen kann (Rheinberg 2004).

Inwieweit kulturell prägende Einflüsse eine Rolle bei der Intelligenzentwicklung spielen, ist noch nicht hinreichend untersucht (Maltby et al. 2011). Die differenzielle Psychologie widmet sich seit Jahren diesem Thema und der begrifflichen Definition von Intelligenz. Ethnozentrierte Sichtweisen auf Menschen und Nationalitäten haben jedenfalls gravierende Auswirkungen auf die rationale Einschätzung ihrer Gegenüber. Ethnozentrismus ist die Voreingenommenheit gegenüber bestimmten Völkergruppen. Ein ethnozentriert orientierter Mensch glaubt, dass seine Lebensweise, d. h. die Art, das gemeinschaftliche Zusammenleben und den Alltag zu organisieren, die allein richtige sei. Seine Tendenz, sich vor dem Andersartigen zu schützen, lässt ihn vielfältige Abschottungsmethoden entwickeln, die zu noch weniger Offenheit führen können. Einmal mehr zeigt die momentane Flüchtlingskrise, wie Menschen nur wegen ihres Aussehens und der Mutmaßung ihrer Abstammung in Schubladen gesteckt werden. So wurde ein dunkelhäutiger deutscher Freund bei einer Einladung in Berlin gefragt, ob er Englisch sprechen könne. Besonders auffallend ist für mich ein solches Verhalten, wenn ich gerade aus den USA zurückgekehrt bin, wo ich noch niemandem begegnet bin, der einen anderen im Small Talk nach seinen Sprachkenntnissen gefragt hätte. Mein verdutzter Freund antwortete humorvoll.

In den vielen Jahren beruflicher Zusammenarbeit mit Hunderten Menschen verschiedener Landeskulturen konnte ich feststellen, dass Menschen multi-ethnischer Herkunft multikulturelle Einflüsse nicht einmal selbst als solche wahrnehmen. Eine Studie der American Counseling Association untersuchte dieses Phänomen empirisch (ACA 2016). Die Mehrzahl untersuchter multi-ethnischer amerikanischer Probanden fühle sich im Laufe ihres Lebens abwechselnd stark zu dieser oder jener Ethnie zugehörig. Daraus kann man schließen, dass Menschen mit ihrer ethnischen Herkunft eher intuitiv umgehen, ohne sich an ihre Ursprungskultur zu klammern. Althergebrachtes interkulturelles Schubladendenken mit einer tradierten Stereotypisierung hat somit heute kaum noch Bestand. Jemand, der aus New Delhi kommt und indisch aussieht, soll sich auch traditionell indisch verhalten, gilt nicht mehr. Wenn ich frage, was traditionell indisch bedeutet, geben manche meiner Kunden an, Inder kämen immer zu spät. Inder schüttelten immer den Kopf, wenn sie Ja meinten. Inder nähmen alles persönlich und seien nicht ordentlich. Dies mag hier und da zutreffen, doch die Auswirkungen des internationalen Bildungsaustausches sind an Indien nicht vorbeigegangen. Dies gilt für alle Industrieländer. Menschen lernen, sich an neue Situationen anzupassen und hier und da Verhalten anzunehmen, das in einem bestimmten Moment passender scheint, als strikt auf Gewohnheiten aus dem eigenen Kulturkreis zu bestehen. Die syrischen Flüchtlinge, die ich bei mir aufgenommen hatte, repräsentieren nicht ganz Syrien. Jedes dieser Familienmitglieder hat seine ganz spezifische ICH-KULTUR®. Diese wurde während ihrer lange dauernden Eingewöhnungszeit und ihrem Kulturschock in Deutschland selbst zwischen den Ehepartnern stark auf die Probe gestellt. Als Begleiterin über mehrere Jahre durfte ich lernen, wie ungeheuer schwierig es manchen Geflüchteten fällt, sich in mehreren neuen Rollen im Aufnahmeland zurechtzufinden. Für uns als Asylgeber ist es ebenso schwierig, sich in dieser neuen Rolle flexibel zu bewegen. Gesteigerte Aufmerksamkeit durch die eigene Werteorientierung im Rahmen einer ICH-KULTUR®-Entwicklung kann blinder Stereotypisierung entgegenwirken. Sie kann Menschen durch permanente Introspektion veranlassen, den Respekt, den sie für sich erwarten, auch anderen Menschen zukommen zu lassen.

Für Arbeitgeber oder Führungskräfte und deren Interesse an der Mitarbeiterzufriedenheit im Zusammenhang mit „Diversity" ist es wichtig, bewusst für beiderseitiges Vertrauen zu sorgen durch Präsenz, Transparenz und eindeutige Kommunikation. Letzteres braucht wegen der individuellen Einflussfaktoren, wie oben beschrieben, Zeit, Wille und ein strukturiertes weitsichtiges Vorgehen in der Kommunikation über Gewohnheiten, Präferenzen und gegenseitige Erwartungen.

2.1.2 Element Temperament, neurobiologische Einflüsse und Reifung

Jeder Mensch ist ein Unikat. Nicht nur bezüglich seiner Gene, sondern auch bezüglich seiner Hirnfunktion und seines Temperaments. Trotz moderner Forschung der Neurowissenschaften halten sich jahrhundertealte Lehren über die Persönlichkeit. Unser Temperament (Maß) bestimmt nach Galenos von Pergamon (130–210 n. Chr.) unseren Grad der Reizbarkeit und die Reaktionsgeschwindigkeit auf Impulse. In Choleriker, Sanguiniker, Phlegmatiker und Melancholiker haben auch Sie vielleicht schon einmal Familienmitglieder oder Bekannte eingeteilt, wie in Abb. 2.3 dargestellt. Ebenso bedient sich die Drei-Dosha-Lehre als Vata, Pitta und Kapha der Temperamente. Wir wissen auch, dass von unserer persönlichen Wahrnehmung und unserem Denken abhängt, wie wir unser Leben sehen. Unser Denken und Handeln sind hoch individuell. Verknüpfungen von Gehirnregionen sind für die Verschiedenheit von Individuen verantwortlich. Die Forschung mit funktioneller Magnetresonanztomografie (fMRT) zeigt besonders große Differenzen in den Hirnarealen, die für die Verarbeitung und das Speichern neuer Informationen zuständig sind. 2015 führte Hesheng Liu eine Studie am Massachusetts General Hospital (Langs et al. 2015) durch, die bewies, dass die Gehirne von 23 Probanden eine enorme Variabilität aufzeigten. Als Reaktion auf Aufgaben wies kein Gehirn bei Probanden gleiche Verschaltungen auf. Auffällige Unterschiede waren besonders in Arealen nachweisbar, die für die Kontrolle und Aufmerksamkeit der Probanden zuständig sind. Dies ist ein weiterer Beleg für die einzigartige Weise, wie jeder Einzelne Informationen individuell verarbeitet (vgl. Abb. 2.3).

Die Plastizität unseres Gehirns und BIG FIVE
Psychologen lieben Analysen und Tests. Die Persönlichkeitsforschung möchte Eigenschaften und Intelligenz effizient beurteilen können. Ich meine, dass wir damit hier und da Menschen unfair beurteilen. Besonders in der Arbeitspsychologie sehe ich die Tendenz, Menschen durch Typologisierung in Kästchen zu stecken. Hier versucht man mit Persönlichkeitstests, Stärken und Schwächen sowie Stressresistenz von Mitarbeitern oder Führungskräften zu erkunden; Assessments werden eingesetzt für eine bequemere Passung von Bewerbern. Meine Klienten finden solche Tests zum Teil spannend, andere lassen sich von ihnen regelrecht abschrecken. Für die ICH-KULTUR® sind solche Tests nicht bedeutend, weil Menschen ihre persönliche Kultur perma-

Persönlichkeit	Temperament
BIG FIVE	
• Extraversion	• Sanguiniker
• Neurotizismus	• Phlegmatiker
• Offenheit	• Choleriker
• Gewissenhaftigkeit	• Melancholiker
• Verträglichkeit	

Abb. 2.3 Temperament und BIG FIVE

nent entwickeln und damit solche Testergebnisse nach einigen Jahren veraltet sind. Hierzu gehören vor allem sich verändernde Reaktionen auf unterschiedliche Umwelten, Stressoren und der Grad der entwickelten Gelassenheit und das Entwickeln von mentaler Resilienz. Am Ende dieses Buches finden Sie eine Anleitung zu einer kurzen Selbsteinschätzung ihrer eigenen persönlichen Kultur.

Die ICH-KULTUR® legt die Plastizität des Gehirns, also seine Formbarkeit, zugrunde und glaubt an die Entwicklungsfähigkeit des gesunden Individuums. Unter Plastizität versteht man die Fähigkeit des Zentralnervensystems, sich ständig zu verändern. Im Laufe der Evolution sorgen Gene dafür, wie ein Lebewesen sich entwickeln wird. Gene entwickeln sich in Nützliches oder Nicht-Nützliches. Nützliches erkennen Systemelemente aus gemachten Erfahrungen. Der amerikanische Neurologe Gene E. Robinson befasst sich mit „Sociogenomics". Seine Forschungen an der Honigbiene ergaben, dass Erfahrungen Gene aktivieren. In Bezug auf den Menschen schlussfolgert er, dass jede Begegnung auf die Funktion unserer Erbanlagen Einfluss hat. Man statuiert daher, dass sich unsere Gehirnstruktur ein Leben lang entwickelt. „Die elektrische Aktivität des Gehirns formt das Gehirn alle paar Millisekunden neu", sagt Hilmar Bading, Professor für Neurobiologie am IZN in Heidelberg. Der Neurobiologe Christopher A. Walsh forscht an der Harvard Universität über die Beeinflussung seelischer Eigenschaften durch Gengruppen. Er belegte, dass Mutationen von Genen für Gehirnfunktionsstörungen wie Autismus und Epilepsie sowie für intellektuelle Fähigkeiten verantwortlich sind. Thomas Bouchard von der University of Minnesota ist ein bekannter Zwillingsforscher. Er fand heraus, dass Gene unsere soziale Haltung insofern beeinflussen, als sie bestimmen, welchen äußeren Einflüssen wir uns selbst aussetzen. Es sei falsch, Gene als determiniertes Schicksal zu sehen. Gene sind vielmehr die vorhandene Neigung oder Prädisposition eines Menschen. Über sein tatsächliches Verhalten kann der Mensch somit selbst entscheiden.

Wie definiert man Persönlichkeit?
Psychologen definieren Persönlichkeit zunächst durch die BIG FIVE (siehe Abb. 2.4). Das Fünf-Faktoren-Modell versucht, durch Kategorienbildung die Komplexität der Persönlichkeit in ein gemeinsames Vokabular zu kleiden. So nimmt man an, dass ein weltweiter Austausch über Persönlichkeitsaspekte leichter gelingen kann. Vereinfachung trägt jedoch auch immer dazu bei, dass Individuelles weggelassen wird. Daher ist es wichtig zu klären, wozu und wann solche Typologisierungen zur Anwendung kommen.

Auf der Basis von BIG FIVE sind weitere Modelle entstanden. Der Hirnforscher Gerhard Roth sieht die BIG FIVE als inhomogen und nicht über-

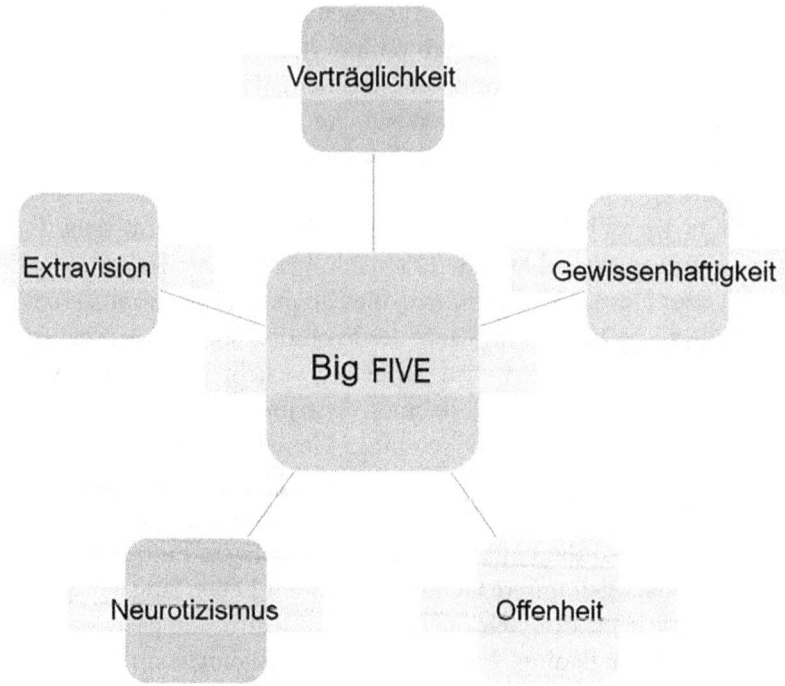

Abb. 2.4 BIG FIVE – das Fünf-Faktoren-Modell

lappungsfrei (Britten 2017). Eysenck-Dimensionen (Eysenck und Wilson 1976) wie „Extraversion", „Neurotizismus" und „Psychotizismus" akzeptiert er eher. Psychotizismus ist eine pathologische Form und kann daher im „normalen Leben" unberücksichtigt bleiben. Weil jedoch die fünf Faktoren eine zunächst hilfreiche Grundlageninformation über einen Menschen in seiner jeweils momentanen Entwicklungsstufe liefern, gehören sie für mich als Element der ICH-KULTUR° zum besseren Verständnis der Persönlichkeit dazu. Für eine Fremd- und Eigenbildeinschätzung kann das OCEAN-Modell (siehe Abb. 2.5) hilfreich sein. Als Grundlagenverständnis kann es der Führungskraft bei der Mitarbeiterbeurteilung seiner Untergebenen nutzen. Für die ICH-KULTUR°-Entwicklung kann man sie zurate ziehen, um eine allgemeine Vorstellung einer gängigen Persönlichkeitseinschätzung zu erhalten. Gerhard Roth sieht keine der gängigen Persönlichkeitsmodelle als validiert. Für mich kann BIG FIVE nicht als alleinige Vorlage für eine Persönlichkeitsanalyse oder für die Typologie dienen, denn es nimmt an, dass sich alle Menschen nach einem normierten System entwickeln, welches ausschließlich die BIG FIVE als Grundlage hat. Im Laufe des Lebens erreichen die oben genannten Aspekte, also die OCEAN-Elemente einen bestimmten Reifegrad. Dies nennt

	Aspekt	schwach	stark
O	**Openness** Offenheit für Neues	bewahrend, vorsichtig	neugierig, gleichmütig, kreativ
C	**Conscientiousness** Gewissenhaftigkeit	unbekümmert, nachlässig	verlässlich, strukturiert, sorgfältig
E	**Extraversion**:emotionale nach Extraversion	eher nach innen orientiert reserviert, vorsichtig, ruhig	nach auße orientiert, gesellig, arglos,
A	**Agreeableness** Verträglichkeit	wettbewerbsorientiert, angreifend, rechthaberisch	kooperativ, zugänglich, einfühlsam, fragend
N	**Neuroticism** emotional Labilität/Reizbarkeit	selbstsicher, ruhig	emotional, reizbar, kritisch

Abb. 2.5 OCEAN-Modell

man „Maturity Principle" (Caspi 2005). Man fand heraus, dass sich demografische Trends auf die Reifung der BIG FIVE auswirken. Seit der letzten zehn Jahre untersucht man die Auswirkungen von „Major Life Events", also herausragenden Lebenssituationen auf die BIG-FIVE-basierte Persönlichkeitsveränderung. Studien zeigen, dass lebenswegimmanente Ereignisse wie z. B. Heirat, Arbeitsverlust, neue Arbeitsstelle, Tod eines Angehörigen Einfluss auf den Entwicklungsgrad einer oder mehrerer BIG-FIVE-Faktoren nehmen. Interessanterweise korreliert das dringende Interesse an diesen Effekten eklatant mit der öffentlichen Aufmerksamkeit an Burn-out-Phänomenen zu Beginn der 2000er-Jahre und dem gleichzeitig gestiegenen Interesse an der Glücksforschung. Eine Reihe von Forschern untersuchen in den USA und in Deutschland mit, laut Jule Specht, teilweise unsauberen Methoden (Specht 2011), wie sich herausragende soziale oder gesundheitsrelevante Lebensereignisse auf die Persönlichkeitsentwicklung auswirken. Professor Maike Luhmann leitet heute die Abteilung Methodenlehre an der Ruhr-Universität Bochum. Neben der Forschung über subjektives Wohlbefinden und Glücksgefühl untersucht sie methodische Möglichkeiten, lebensereignisrelevante Persönlichkeitsentwicklung auf der Basis der BIG FIVE zu überprüfen. Es bleibt abzuwarten, wie es gelingen kann, in Langzeitstudien überzeugende Ergebnisse über kurzfristige oder nachhaltige Veränderungen von BIG-FIVE-Persönlichkeitsmustern zu generieren.

Meine eigene Erfahrung beruht auf nicht-empirischen Untersuchungen, doch sie zeigt eindeutig, dass je reflektierter ein Klient ist, desto mehr Bereitschaft besteht, Sichtweisen und Verhalten und somit seine Einstellung zu verändern, d. h. seine kognitive und hirnbiologische Entwicklung langfristig selbst zu beeinflussen.

2.1.3 Element Multiple Intelligenzen, die MI-Theorie

Howard Gardner beschrieb die „Multiplen Intelligenzen" in seinem wegweisenden Buch *Frames of Mind*. Seit 1983 führt er im Project Zero an der Harvard University den Beweis, dass Erziehungs- und Bildungserfolge zuallererst von der Reflexion Lehrender abhängen. Wenn diese anerkennen, dass Lernenden mehrere Zugänge zu schlummernden Potenzialen eröffnet werden können, werden sie neue Methoden entwickeln und ausprobieren, um das notwendige Vertrauen zu ihren Schützlingen aufzubauen und sie dementsprechend zu fördern. Erkenntnisse der Neurobiologie untermauern heute die MI-Theorie. Der Neurologe Gene E. Robinson erforscht die Lernfähigkeit von Honigbienen. Seit 2006 ist ihr Genom vollständig sequenziert. Ihr außerordentlich komplexes Gehirn, ihre hohe erfahrungsorientierte Lernfähigkeit und schnelle Anpassungsgabe an veränderte Umwelteinflüsse veranlasst Forscher, sie mit Menschen zu vergleichen. Jeder Mensch besitzt ungeahnte Potenziale, die es nur zu entdecken gilt. Wenn ein Mensch diese Überzeugung teilt, kann er sich bei seiner Ausbildungs- und Berufswahl leichter orientieren. Wenn er seine Talente und entdeckten Intelligenzen ernst nimmt, wird er auf sich selbst vertrauen können. Eine Liste der von Howard Gardner untersuchten Intelligenzen zeigt Abb. 2.6.

Howard Gardners große Vision für die Bildung und Erziehung erhielt große Anerkennung. Vor allem, weil in derart praktizierenden Schulen Disziplin und Leistung sowie die elterliche Beitragsbereitschaft signifikant stieg. Die Anwendung der MI-Theorie erfolgt vor allem in den USA durch Bildungsagenten und Erzieher, die seine Theorie in die Praxis umsetzen. In Deutschland fand sie Einzug in die Erwachsenenbildung. Die größte Kritik erhält die MI-Theorie noch immer wegen noch nicht erstellter Tests und der dadurch noch nicht erfolgreichen Messbarkeit der in Abb. 2.6 dargestellten Intelligenzen. ICH-KULTUR® kann es ohne multiple Intelligenzen nicht geben. Ein Mensch, der sich mit seinem eigenen Leben bewusst befassen möchte, muss sich unweigerlich mit den verborgenen Schätzen seines Seins beschäftigen.

- Sprachlich-linguistische Intelligenz
- Logisch-mathematische Intelligenz
- Musikalisch-rhythmische Intelligenz
- Bildlich-räumliche Intelligenz
- Körperlich-kinästhetische Intelligenz
- Naturalistische Intelligenz
- Interpersonale Intelligenz
- Intrapersonelle Intelligenz
- Existenzielle Intelligenz oder spirituelle Intelligenz

Abb. 2.6 Multiple Intelligenzen nach Howard Gardner

Ein junger Deutscher, der in der Schule in Mathematik immer gut war, interessierte sich sehr für Musik. Er spielte leidenschaftlich Geige. In späteren Jahren widmete er sich mehr dem Klavierspiel. Mozart liebte er über alles. Für Sport hatte er wenig übrig. Edle Speisen interessierten ihn nicht. Er neigte zum Jähzorn. Später wurde er zum berühmtesten Relativitätstheoretiker unserer Zeit. Kennen Sie seinen Namen? Albert Einstein hätte sich auch mit Haut und Haaren der Musik widmen können, doch Musikunterricht gab es in seiner Maturaklasse nicht. Vielleicht wäre er ein Genie in Musik geworden. Wegen seiner außergewöhnlichen Leistungen, vor allem in Mathematik und Physik, wurde er mit 17 Jahren an der Polytechnischen Hochschule in Zürich aufgenommen, um Lehrer zu werden. Seine schlechteste Note, eine deutsche 4, bekam er in Französisch. Englisch gab es nicht. Später spielte er regelmäßig in einem Café Geige zur Unterhaltung der Besucher, und in den USA gab er beim „Trick or Treat"-Abend zu Halloween für die Kinder an der Haustür eine kleine musikalische Einlage zum Besten.

Nicht viele Menschen sind Wunderkinder, doch in jedem Menschen stecken Wunder. Ein Freund war ein erfolgreicher Banker in einer renommierten Privatbank. Eines Tages schnupperte er die Luft der Eigenständigkeit und machte sich selbstständig. Die durch die berufliche Selbstständigkeit gewonnene Gestaltungsmöglichkeit seines Lebens nutzte er für sein Hobbygärtnern. Seine Hausfassade in der Düsseldorfer Innenstadt ist heute begrünt, im Garten wachsen Obstbäumchen und Beerensträucher. Auf den vielen Balkonen gedeihen Erdbeeren und wunderbar gesund aussehende Salatköpfe. Ganz oben stehen die Kästen seiner Bienenzucht. In den Blumenkästen ringsum wachsen Bienenblumen. Neben seinem „Urban Gardening Project" backt er am Wochenende Erdbeertorte. Im Spätsommer gibt es selbst gebackenen Pflaumenkuchen. Sein Talent, Menschen für die Stadtentwicklung zu begeistern, zeigt er im Bürgerrat.

Was unterscheidet die eigene ICH-KULTUR® nun sichtbar von der anderer? Fünf Kulturvariablen zeigen sich im persönlichen Verhalten. Im günstigsten Falle bestimmen sie ein aktives, glückliches Leben und einen erfolgreichen Umgang mit anderen Menschen. Ungünstig führen sie zu Konflikten mit Mitmenschen und emotionalem Stress oder machen unbeweglich und unwirksam. Widmen wir uns nun diesen Eigenschaften.

2.1.4 Element – Fünf Kulturvariablen und ihre Ausprägungen

Unser Gehirn ist flexibel. Fünf Kulturvariablen sind veränderbar (siehe Abb. 2.7). Wir können uns selbst gestalten. Wer an seiner ICH-KULTUR® arbeitet, kann diese zunächst identifizieren und bewerten. Im Sinne einer psychologischen Selbstoptimierung kann ein Mensch versuchen, eigene Verhaltensweisen an die jeweilige Umgebung anzupassen. Sollte er erkennen, dass sein Verhalten (Kommunikation) zum Stressor für andere geworden ist, kann er seine Verhaltenspräferenzen neu bewerten und eventuell zugunsten der allgemeinen Stressreduktion ablegen. In jedem Fall sollte er sich der Konsequenz seiner ICH-KULTUR®-charakteristischen Handlungen bewusst sein.

Werte, Glücksempfinden, Stressresistenz
Das Lebensmotto eines Menschen entspringt seinem geschärften Bewusstsein über das Leben. Es repräsentiert, wie dieser Mensch sein Leben gestalten möchte. Seine Weltsicht, seine Spiritualität oder sein Wertebewusstsein könnte diesem Lebensmotto innewohnen. Wie lautet Ihr Lebensmotto? Wissen Sie, welchen Grundwerten Sie folgen? Ist es die Verfassung oder das Grundgesetz? Vielleicht folgen Sie unbewusst ganz persönlichen Werten, die, wenn sie fehlen, Ihnen negative Gefühle oder gar emotionalen Stress bringen? Wenn beispielsweise Fairness einer Ihrer wichtigsten Werte ist, werden Sie sicherlich bewusst oder unbewusst darauf achten, dass alles mit rechten Dingen zugeht. Wenn Freiheit ein wichtiger Wert für Sie persönlich ist, werden sie möglicherweise nicht mit Firmen arbeiten, die Menschen in Unfreiheit arbeiten lassen. Als Mitarbeiter streben Sie dann eventuell nach eigenverantwortlichem Handeln, statt sich jeden Schritt vorschreiben zu lassen. Wenn Sie eine starke Machtprägung haben, kann es sein, dass Sie Ihren Einfluss in ihrer Organisation um jeden Preis sichern möchten. Menschen versuchen dann, die Mitarbeit an gesetzten Zielen skrupellos durchzusetzen, und sind in

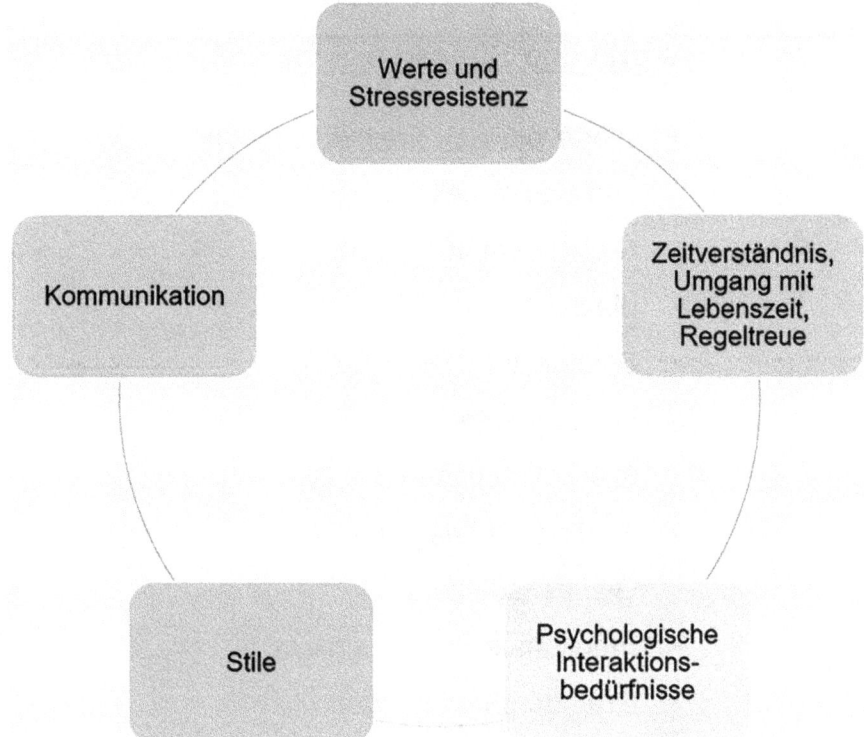

Abb. 2.7 Fünf Kulturvariablen

höchster Gefahr, blind einen möglicherweise falschen Weg zu verfolgen, wie beispielsweise beim Dieselskandal geschehen. Vielleicht aber möchten Sie Ihre gewonnene Macht im Einklang mit den Bedürfnissen Untergebener oder Kollegen ausüben. In diesem Fall zählen Sie zu den Menschen, die durch Einflussnahme managen, statt ausschließlich ein Machtgefühl zu befriedigen. Dabei spielen Werte und ihre hilfreichen Eigenschaften, ihre Fallen und Herausforderungen eine erhebliche Rolle (siehe Abb. 2.8). Für die ICH-KULTUR® bedürfen sie der eingehenden Betrachtung. Daniel Ofman (2009) beschreibt sie auf eindrückliche Weise mit seinem „Kern-Quadrat". Es hilft, Fallen und Herausforderungen auf der Basis eigener Werte, sprich Kernqualitäten, zu identifizieren und zu analysieren. In der Folge kann man entdecken, warum man immer wieder in ähnlichen Situationen aneckt und gestresst wird. In Schulen der Niederlande setzt man sein Modell als Aspekt der positiven Psychologie zur Verbesserung des Selbstwertgefühls ein.

Welche Bedeutung hat Glück für Sie? Manche Menschen schöpfen ihr Urvertrauen und die Vorstellung von Glück aus ihrer Religion. Eine wie auch

> **Werte und Stressresistenz**
>
> - Werte wie z. B. Freiheit, Ordnung und Sauberkeit, Gerechtigkeit, Gleichberechtigung, etc.
> - Machtstreben
> - Spiritualität
> - Lebensmotto
> - Glücksempfinden und Sinnerfüllung
> - Positive und negative Glaubenssätze
> - Emotionale Stressresistenz
> - Grad der Gelassenheit

Abb. 2.8 Werte und Stressresistenz

immer geartete bewusste Spiritualität beeinflusst menschliche Handlungen unweigerlich. Ist ein Leitsatz ihr Wegbegleiter? Vielleicht kommt dieser aus ihrer konfessionellen Zugehörigkeit? Haben Sie sich im Laufe Ihrer Entwicklung zu einem Leitspruch entschlossen, der Ihre Lebenseinstellung prägnant wiedergibt. Mein indischer, westlich orientierter Mieter ist Brahman. Er ist der Vorgesetzte der Gruppe. Er gehört der höchsten indischen Kaste an, die in Indien den Hinduismus lehrt. Während seines geschäftlichen Aufenthaltes in Deutschland arbeitet er in einem IT-Projekt. Als Brahmane glaubt er an die Welt als die Manifestation des Göttlichen. Zusammen mit seinen Kollegen lebt er hier in Deutschland in einer extrem einfach gestalteten Umgebung, verzichtet auf überflüssiges Mobiliar oder Dekoration. Obwohl die Gruppe sehr offen und extrem interessiert ist, wurde sie, außer von mir, bisher von keinem deutschen Kollegen zu einem gemeinsamen Feierabend eingeladen. Brahmanen glauben, dass inmitten aller Vergänglichkeit eines bleibt: unser wahres Selbst. Der Meister sagt, das ICH sei ewig. Dies kann bedeuten, immer im Hier zu sein, denn Vergangenes ist schon geschehen. Doch Vergangenes hat Einfluss und zeigt sich im Karma. Sicher hat dies Einfluss auf die Art und Weise der Lebensgestaltung. Sie, lieber Leser, dürfen sich jetzt fragen, warum die deutschen Arbeitskollegen die indischen Kollegen nicht in ihre sozialen Aktivitäten einbeziehen. Ihre Antworten finden sich eventuell in den ICH-KULTUR®-Elementen. Glaubenssätze haben ihre Ursprünge in der Mentalität, während diese wiederum durch die Ausprägung der individuellen Spiritualität und des Weltbildes beeinflusst wird.

Eine Freundin war stolz auf ihre autarke Lebensweise. Nun steckte sie in einer gesundheitlichen Klemme, die sie sehr einschränkte. Als ich ihr Matthäus 7, Vers 7 zitierte, erkannte sie ihren bis dahin extrem auf Starksein ausgerichteten Lebensstil. Nun wagt sie, ihre Freunde anzusprechen und sie um Hilfe zu bitten. Mein eigenes Lebensmotto findet man auf meiner Website. Jeder kann lesen, dass ich in meinem Leben jederzeit einen Beitrag für das Gelingen des Gesamten leisten möchte. Das Gesamte ist das jeweilige soziale System, in dem ich mich befinde. Ich lebe diesen Leitsatz konsequent, aber ohne Selbstaufgabe, denn auch ich bin ein Teil des Gesamten. Mein sinnerfülltes Leben mit und für Menschen macht mich glücklich. Was ist Ihr Lebenssinn?

Soziale Beziehungen hellen die Stimmung auf, so Daniel Kahneman. In seinem 2010 erschienenen Buch über die internationalen Unterschiede des Wohlstands und Glücksempfindens, berichtet er, dass Menschen in einer Gemeinschaft mit anderen Menschen global das größte Glücksempfinden haben, wenn sie dabei ihre Individualität ausleben können. Agieren wir kollektivistisch, wenn wir durch Glaubenssätze geprägt sind? Positive Aspekte solcher sozialisierten Dogmen seien mit kritischer Fußnote anerkannt. „Sei perfekt", „Mach schneller", „Sei stark", „Stell dich nicht so an", „Mach es allen recht", „Geld bringt Macht" etc. erweisen sich häufig als toxische Ursachen für größten emotionalen Stress. Übertreibung und blindes Befolgen solcher sozialisierten Vorgaben können innere Konflikte nach sich ziehen. Innere Konflikte machen schlechte Laune und vermiesen die Stimmung. Übel gelaunt und pessimistisch werden wir zum Stressor für unsere Mitmenschen. Wir laufen Gefahr, eine Stresskaskade loszutreten. Humor tritt in den Hintergrund, wo er sonst als Lebenselixier wirkte. „Pessimisten sind Leute, die mit der Sonnenbrille in die Zukunft schauen", sagte Heinz Erhardt. Wenn wir mit Sonnenbrille in die Zukunft schauen, braucht es Weggefährten, die uns lehren, die Sonnenbrille abzulegen. Mine, die Protagonistin in diesem Buch, trägt eine solche Brille. Ihr emotionaler Stress wirkt sich auf alle Bereiche ihres Lebens aus. Glücklicherweise hat sie die Gelegenheit, eine hilfreiche Weggefährtin für einen Menschen zu werden, dessen Brille noch dunkler ist als die ihre. Sie lernt, ihre Glaubenssätze zu überprüfen, und hilft damit auch einem Freund.

Der Grad der Stressresistenz – Umgang mit Gefühlen

ICH-KULTUR® kann zu geistiger Widerstandskraft, mentaler Resilienz, beitragen. Indem wir bewusst in den Spiegel schauen, können wir erkennen und akzeptieren, dass wir manches in unserem Leben beeinflussen können und manches nicht. Zunächst gilt es, bei uns selbst zu bleiben und uns selbst zu gestalten, bevor wir uns über unveränderliche „Missstände" im Außen aufregen. Hierzu gehört auch die Kenntnis über die Spiele, die Menschen spielen. „The Games People Play" ist ein Standardwerk der Transaktionsanalyse nach Eric Berne (Berne 2004). Kennen Sie Ihre inneren Spielgefährden? Unsere inneren Angreifer, die inneren Kritiker und Opfer haben wir alle schon einmal getroffen. Möglicherweise kennen Sie auch Ihren inneren Retter. Ich traf einmal einen Menschen, dessen innerer Kritiker über Dekaden so stark wurde, dass seine mentale – emotionale Beweglichkeit derart abnahm, dass er sich in sein eigenes emotionales Gefängnis einschloss. Humor zeigte keinen echten Frohsinn, mit Sarkasmus rettete er sich vor Gesprächen über sich selbst. Sein Nachname war Richter. Als Coach hätte ich hier eine fabelhafte Brücke zu seinem Spiegelbild bauen können. Die Transaktionsanalyse hilft uns beeindruckend, innere Solospiele mit diesen Spielgefährden abzustellen (vgl.Dehner und Dehner 2007).

Im privaten wie beruflichen Kontext eignen sich nach Eric Berne die folgenden Bedingungen für den Umgang mit den Spielen, die Menschen spielen, und um diese zu vermeiden. Überprüfen Sie Ihre innere Grundhaltung. Klären Sie Kompetenzen und prüfen Sie Ihre Verantwortung. Treffen Sie klare Absprachen. Decken Sie verdeckte Ebenen auf oder ignorieren Sie diese. Sprechen Sie die Dinge offen und verträglich an, benutzen Sie ICH-Botschaften und vermeiden Sie Absolutbegriffe wie „immer, nie, alle, keiner". Erkennen Sie Ausgeblendetes oder blenden Sie dieses wieder ein. Wenn Sie sich zum Mitspielen entscheiden, spielen Sie nach Ihren eigenen Regeln. Reduzieren Sie einhändige Spiele. Verzichten Sie am besten auf Spiele. Unser Mindset entsteht durch bewusste Entscheidungen über wie wir sein möchten. Hierzu erkläre ich den ICH-Pitch als inneren Kompass in Abschn. 2.4.

Fordert uns ein anderer Mensch zu einem emotionalen Duell, entscheiden wir oft unbewusst und steigen ein. Bewusste Entscheidungen brauchen eine Klarheit über unsere Emotionen und Ziele. Emotionen sind stärker als unser rationales Gehirn. Sie lassen sich nicht abstellen, doch wir können sie steuern und möglicherweise sogar lauernde psychosomatische Symptome vermeiden. Unser rationales Gehirn als Steuerzentrum kann uns unterstützen, mental resistenter, also resilient zu werden und problematische Lebenssituationen geschmeidig zu meistern.

Mentale Resilienz bedeutet psychische Widerstandsfähigkeit gegenüber biologischen, psychologischen und psychosozialen Entwicklungsrisiken (Wurstmann 2004). Ein erfolgreicher Umgang mit Veränderungen kann die affektive Komponente von Emotionen stark beeinflussen, damit Disstress (Not) lindern und sich auf eine hohe Qualität professionellen Handelns auswirken. Mental resiliente Menschen erkennen, wo ihre Verantwortung beginnt und endet. Sie merken, wann sie sich über- oder unterfordert fühlen. Dies ist ein Grundstein für die sogenannte „warme Gelassenheit" (Strässle 2013). Sie lebt von liebevoller Zuwendung gegenüber uns selbst und anderen und verlangt klare Grenzen. „Kalte Gelassenheit" ist ein Verhalten, das sich mit Mangel an Verantwortung und Empathie uninteressiert abwendet. Eine solche Haltung bei Zeitgenossen, vor allem wenn sie lautstark kommuniziert wird, erlebe ich selbst als Stressor.

Kann man Stressresistenz bestimmen? Eine wissenschaftliche Studie hatte sich dies zum Ziel gemacht und führte die Untersuchung an jungen Studenten der Universität Moskau (Semenovskikh und Bruk 2016) durch. Sie fand heraus, dass das Aushalten sozial und ethnisch stressiger Gegebenheiten in negativer Korrelation zur Toleranz als Persönlichkeitsmerkmal steht. Wenn ein Mensch stressresistent sei, weise er ein hohes Maß an Toleranz auf. Wenn eine Person stressanfällig sei, sei ein geringes Maß an Toleranz zu erkennen. 58,5 % der befragten Jugendlichen konnten negativen Faktoren der Gesellschaft und deren Problemsituationen widerstehen. Je sicherer sich die Jugendlichen ihrer Identität waren und an ihre Selbstwirksamkeit glaubten, desto höher war ihre Stressresistenz. Besonders Ethnotoleranz im Sinne von Diversity zeigte sich als von Stressresistenz abhängig. Je höher die Stressresistenz des Befragten war, desto leichter fiel es ihm, ethnische Besonderheiten und andere Mentalitäten anzuerkennen. Demnach dürfen wir uns freuen: Wenn wir trotz höchster Vorsicht im Ausland Etikette-abhängige Fehler machen und dabei auf einen stressresistenten Menschen treffen, dürfen wir hoffen, dass dieser sich über unser „rüpelhaftes" Verhalten nicht aufregen wird. Da es bei dieser Studie nur um psychologische Ereignisse ging und physische vernachlässigt wurden, bliebe zu untersuchen, wie es sich mit der Stressanfälligkeit und dem Toleranzgefühl bei Menschen mit körperlichen, physiologischen Problemen oder chronischen Krankheiten verhält.

Zeigt sich Stressresistenz in Gelassenheit? Gelassenheit ist für mich viel mehr als pure Toleranz, mehr als ihre Definition aus der Enzyklopädie. Gelassenheit ist, wie durch Thomas Strässle beschrieben, eine Art Lebenshaltung. Gelassenheit kann man praktizieren und daher in eigenen Stresssituationen üben. Das Praktizieren des Lassens und Ohne-Druck-Agierens, des Wertschätzens und Tolerierens hat Papst Johannes XXIII in „Nur für heute …" so vortrefflich beschrieben als die Zehn Gebote der Gelassenheit. Stressresistenz und Gelassenheit sind nicht angeboren. Wenn Stressresistenz aufgrund von Einsichten intrinsisch entsteht, kann sich Gelassenheit im Zuge der Persönlichkeitsbildung entwickeln.

Als IPC®-Coachs haben wir die Pflicht, Menschen genau anzuschauen, ihnen genau zuzuhören und ihnen vorsichtig Fragen zu stellen, die Antworten auf mögliche Stressoren bringen. Meine Klienten können ihre Stressoren oft gar nicht definieren. Hier und da vermute ich, sie nehmen sich selbst nicht ernst genug. Manchmal streben sie nach Anerkennung von außen und befassen sich nicht bewusst mit ihren Gefühlen. Dann fällt es schwer, ein Gefühl überhaupt zu benennen. Eine Klientin kam eines Tages mit schweren Ressentiments gegenüber ihrer gesamten Firma zu mir. Ihr Ärger war über Monate unüberwindbar geworden. Schließlich verließ sie die Firma, ohne eine neue Arbeitsstelle. IPC® half ihr, ihre Aufregung nachhaltig in den Griff zu bekommen und strategisch zu denken, statt sich vor Wut im Kreis zu drehen. Sie erkannte, dass wenn sie auf Gespräche mit ihrem wenig interessierten Vorgesetzten bestanden hätte, sie ihrem persönlichen Stress Abhilfe hätte schaffen können. Fortan lernte sie, sich mit ihren Werten und ihrer verbalen und nonverbalen Kommunikation zu befassen und diese zu ihren Gunsten einzusetzen. Auf ihren danach folgenden Entwicklungsweg, den ich immer wieder begleiten darf, bin ich aufrichtig stolz. Nicht immer gehen die Dinge wie geschmiert. Schwere innere Problematiken des Klienten zeigen sich manchmal erst nach drei Sitzungen. Wenn wir als IPC®-Coach vermuten, dass ein Klient ein unbearbeitetes Trauma in sich trägt oder ohne ärztliche Aufsicht Psychopharmaka oder in ungesundem Maß Genussmittel konsumiert, muss man den Klienten an andere Experten weiterverweisen.

Zeitverständnis, Umgang mit Lebenszeit, Regeltreue
Unsere westliche Welt funktioniert nach dem Grundsatz „Zeit ist ein seltenes Gut, daher ist sie kostbar". Auf dieser Basis packen wir so viel wie möglich in die wenig verfügbaren Einheiten von Minuten und Stunden. Von meiner Großmutter habe ich gelernt: „Was du heute kannst besorgen, das verschiebe nicht auf morgen." Für meine Kinder formulierte ich den Leitspruch um. „Was du heute kannst besorgen – ohne Sorgen (Not), das verschiebe nicht auf morgen. Morgen gibt es neue Sorgen (Aufgaben)." Damit erinnerte ich meine Kinder immer wieder an einen verantwortlichen Umgang mit der Lebenszeit und der Gegenwart. Gleichzeitig kann man sich einen solchen Leitspruch zur Regel machen und in sein Zeitmanagement einfließen lassen. Eine neue, liebevolle Dimension erfährt dadurch die Eisenhower-Matrix (Covey 1994) als wunderbares Tool für vieles, aber als Zeitmanagement-Tool oft eingesetzt

für die Unterscheidung von Wichtigem und „Dingendem". Nicht alle Menschen teilen das oben erwähnte Zeitkonzept. Wer in einem globalen Team arbeitet, kennt vermutlich Konflikte bezüglich der Reaktionsgeschwindigkeit auf E-Mails oder Probleme mit der Liefertreue. Es gibt Menschen, die Zeit als unendlich verfügbar sehen. Zeit hat für sie keine Schranken, trotz festgelegter Einheiten. Nicht jeder fühlt sich Zeitvorgaben verpflichtet. Meine jungen nordostindischen Bewohner mit Hindu-Hintergrund, die im Moment als IT-Experten in Deutschland arbeiten, waren überrascht, als ich ihnen erklärte, was Pünktlichkeit in Deutschland bedeutet. Ihre global sehr bekannte Firma hielt es für unnötig, Ihnen eine generell interkulturelle Einführung für „Corporate Germany" zu geben. Für meine Bewohner hatte eine Zeitvorgabe bis dahin keine Verbindlichkeit. An einem Abend wollten wir uns um 19 Uhr zur monatlichen Mietanteilabrechnung treffen. Ihre Pflichtteile bezahlten sie aufgrund von unklaren Gründen immer bar. Um 21:30 Uhr waren sie noch immer nicht gekommen und hatten auch keine Nachricht gesendet. Ich nahm es gelassen, denn ich hatte mit Weitsicht weitere Pläne an diesem Abend schon ausgeschlossen. Sie, lieber Leser, dürfen sich fragen, wie Sie reagiert hätten? Oft führt unsere deutsche Einstellung zu Erwartungen, die andere aufgrund ihrer Mentalität gar nicht erfüllen können. Wir müssen lernen, dass dies zunächst weder unprofessionell ist, noch unehrlich oder schlampig. Jetzt ist heute, morgen kommt erst noch, und die Vergangenheit ist vorbei. Weil die Umstände anders geworden sind, sind manche Menschen der Meinung, sie müssten sich nicht mehr an zuvor vertraglich festgelegte Vereinbarungen halten. Im internationalen Geschäftsalltag resultieren daraus hin und wieder Probleme. Trifft diese Haltung auf Unverständnis, wird die so agierende Organisation als nicht verlässlich und unprofessionell verurteilt. So manchen Konflikt unter asiatischen und deutschen Mitarbeitern konnten wir durch mentalitätsspezifische Erklärungen in den letzten Jahren lösen.

Meine früheren arabischen Bewohner runzelten jedes Mal ungläubig die Stirn, wenn ich ihnen als Hausherrin und Selbstständige sagen musste, dass ich nicht jederzeit zu einem Kaffeeplausch bereit war. Ebenso gewöhnte ich mich nur mit Mühe daran, zu ebenso ungewohnten Uhrzeiten ein unerwartetes Geschenk vor meiner Tür zu finden, um eine halbe Stunde später nach einem Gefallen gefragt zu werden. Zeit nehmen und geben sowie die Bedeutung der Beziehungspflege gehen nach meiner Erfahrung ohne Ausnahme mit internationalem Business einher, bis hin zu einer eigenen Art des Schenkens. Ob Tunesier, Marokkaner oder Syrer, mit allen ging es mir bezüglich einer – für mich sehr natürlichen – Beziehungsorientierung so. Meine amerikanischen, chinesischen und deutschen Geschäftspartner agieren nach meiner Erfahrung ebenfalls individuell gänzlich verschieden im Umgang mit der Zeit. Ich halte es für höchst problematisch, im Umgang mit Angehörigen einer fremden Landeskultur grundsätzlich von stereotypen Vermutungen auszugehen. Vielmehr sollte jeder, der mit internationalen Geschäftspartnern zu tun hat, Regeln erstellen, persönlich erklären und ebenso persönlich nachhalten, statt stillschweigend „Compliance", Mitarbeit und das Einhalten von (möglicherweise) unbekannten Regeln zu erwarten. Oft reicht es nicht, eine Compliance-Vereinbarung von einem Mitglied der Hierarchie unterschreiben zu lassen. Meine Erfahrungen haben gezeigt, dass sich die zeitliche Investition lohnt, mit jedem Projektmitglied alle Regeln zu besprechen. Kick-Off-Meetings eignen sich hierfür besonders gut.

Zeit
Viele meiner deutschen Seminarteilnehmer sind sehr beziehungsorientiert, obwohl ihnen als Techniker Aufgabenorientierung nachgesagt wird. Manche geraten wegen ihres darauf gründenden Zeitmanagements in Konflikt. Man stelle sich den Eingangsbereich einer Firma vor. Dort trifft ein Deutscher einen geschätzten anderen deutschen Geschäftspartner. Man beginnt, artig zu plaudern, vergisst die Zeit und verabschiedet sich schnellstens, weil der Termin ruft. Kennen Sie das Gefühl, das sich danach einstellt? Unbefriedigt? Sie oder der andere konnte auf die Schnelle nicht loswerden, was er eigentlich noch sagen wollte. Beim Mittagessen in der Kantine sehen Sie sich wieder. Alles ist anders. Die Sitzordnung, die Kollegen. Ablenkung von dem, was ungesagt blieb. Soll man den Faden aufgreifen oder alles so stehen lassen, obwohl noch ein für Sie wichtiges Detail hätte gesagt werden müssen? Nach meiner Erfahrung geht es vielen internationalen und ebenso deutschen Kollegen so. Man nimmt sich keine Zeit für die Bedürfnisse des anderen; Bedürfnisse, die womöglich anderen Gewohnheiten entspringen. Man lässt sich nicht genügend ein. Sind wir nicht interessiert und uns daher schlicht nicht bewusst?

Einen großen Teil meiner Arbeit verbringe ich damit, Menschen zu unterstützen, ein Verständnis über andere Gepflogenheiten und deren Auswirkungen zu entwickeln. Als ausgewiesenes Einwanderungsland sollten wir akzeptieren und anerkennen, dass solche Gewohnheiten selbst über drei, vier oder fünf Generationen Beständigkeit haben können und sich dabei in sich verändern. Man geht davon aus, dass Assimilierung mindestens zehn Jahre dauert. Haben sich vielleicht auch schon Assimilierungsprozesse verändert? Für mich als seit über dreißig Jahren Unterstützende im globalen Miteinander zeigt sich permanente Veränderung; die Natur macht es uns vor, selbst physisch in Stein Gemeißeltes verändert sich im Freien durch Erosion über die Jahre. Bei Menschen ist die Erosion von Gewohnheiten ein viel komplexerer

Vorgang mit der einzigen Gemeinsamkeit, dass es viel Zeit braucht, bis ein Element der Natur gänzlich zerfällt. Jemand, der akzentfrei Deutsch spricht, hat die seiner Ursprungskultur inhärenten Muster nicht notwendigerweise abgelegt. Diese Vielfalt gefällt mir so gut, dass ich internationale Menschen immer wieder freudig in meiner Umgebung willkommen heiße. Ich lerne mit und von anderen. Zugegeben, hier und da überkommt auch mich ein Federnlassender Schauder oder sture Ungeduld mit genervtem Augenrollen. So geschehen, als meine ausländischen Bewohner die Räume in für mich unerträglich schmutzigem Zustand verließen und dachten, sie wären ein paar Monate später wieder willkommen, um für kurze Zeit im Homestay bei mir unterzukommen. Zumeist jedoch werde ich belohnt von einer bezaubernden Erkenntnis über die Vielfalt der Natur von uns Menschen. Diesen Teil meines Lebens empfinde ich als erquicklich. Die Einstellung „Morgen ist auch noch ein Tag" lässt Menschen gelassener sein als jene, die jede Minute effizienzorientiert ausnutzen. Wenn diese Haltung auf eine völlig andere Haltung trifft und beide meinen, die ihre sei die richtige, steigt die allgemeine Stresswahrscheinlichkeit. Wenn aus einer erhöhten Hierarchiestellung Zeitdruck auf andere Geschäftspartner ausgeübt wird, entsteht nicht nur unter ausländischen, sondern auch unter einheimischen Geschäftspartnern ein hohes Konfliktpotenzial. International sollten wir mit genügend Zeit analysieren, warum unsere ausländischen Geschäftspartner nicht, verspätet oder minderwertig liefern. Ein durch uns, aus Unwissen, initiierter Gesichtsverlust beim Gegenüber kann überraschende Folgen haben. Immer wieder erlebe ich, dass neue internationale Projektmitarbeiter ihre Aufgaben aufgrund von Annahmen ohne Milestones oder Deadlines ausführen. Wenn ihre Ergebnisse den Erwartungen ihrer Vorgesetzten nicht entsprechen, erfahren sie erst im Kritikgespräch über die wirklichen Anforderungen. Zu Beginn einer neuen (internationalen) Geschäftspartnerschaft muss vonseiten der Hierarchie viel Zeit investiert werden für einen Austausch über Abläufe, Arbeitsstile und erwartete Qualitätsanforderungen. Wenn der Vorgesetzte ernst genommen werden möchte, muss er diesen Austausch in regelmäßigen Abständen persönlich und kreativ nachhalten.

Abb. 2.9 macht Sie auf Ihr persönliches Zeitverständnis aufmerksam. Ich kenne Menschen, die im Haus der Gegenwart häufiger durch das Fenster der Zukunft schauen als durch das Fenster der Vergangenheit. Manche Menschen lassen sich von dem kontrollierenden Gestaltungswillen ihrer Zukunft vereinnahmen, obwohl ihnen wichtige Informationen fehlen. Aus diesem unreflektierten Bedürfnis heraus werden sie zum Opfer ihrer Ungeduld und zum Initiator ihres eigenen Stresses. Andere schauen häufig durch das Fenster der Vergangenheit und grämen sich über Unwiederbringliches. Andere sagen, ich

> **Zeitverständnis, Umgang mit Lebenszeit, Regeltreue**
>
> - Verfügbarkeit von Zeit : Viel Zeit oder wenig Zeit
> - Modulation des Zeitverständnisses
> - Vergangenheit – Gegenwart – Zukunftsorientierung

Abb. 2.9 Zeitverständnis, Umgang mit Lebenszeit, Regeltreue

bin im Haus der Gegenwart und lasse alle Fenster geschlossen. Sie sehen sich durch Sprüche bestätigt, die Menschen an das Hier und Jetzt erinnern möchten. Welche Tendenzen haben Sie? Gehen Sie flexibel mit dem Zeitkonzept Ihres Lebens um? In jedem Fall gehört Ihre Tendenz zu Ihrer einzigartigen ICH-KULTUR®. Aber damit nicht genug: Schauen wir nun unsere Interaktionsorientierung und deren Auswirkungen an.

Psychologische Interaktionsbedürfnisse
Man nimmt an, dass circa 85 % der Weltbevölkerung im zwischenmenschlichen Umgang beziehungsorientiert sind (Hofstede 1980). Der Rest untersuchter Kulturen der globalen Wirtschaft sei eher aufgaben- bzw. sachorientiert. Deutschland zähle stark zu den aufgabenorientierten Kulturen. Ich sehe eine hohe Beziehungsorientierung in vielen meiner deutschen Klienten. In einer aufgabenorientierten Businesswelt ist es schwer, das Bedürfnis nach Beziehung zu befriedigen. Psychologische Interaktionsbedürfnisse tragen unbemerkt zu vielen Konflikten bei (vgl. Abb. 2.10). So quälen sich manche Klienten manchmal wegen aufgabenorientierten Vorgesetzten, deren Augenmerk auf der effizienten Erledigung der Aufgabe liegt, statt auch auf dem funktionierenden Kontakt zum Mitarbeiter. Ein beziehungsorientierter Mitarbeiter braucht die unbedingte emotionale Berührung mit dem Chef und den Kollegen, um Vertrauen zu gewinnen und sich dadurch sicherer zu fühlen. Ein beziehungsorientierter Lieferant oder Kunde braucht eine längere Phase des Vertrauensaufbaus, bevor er mit seinem Gegenüber effektiv verhandeln kann. Beide „Ausprägungen" können, wenn sie auf ein „unpassendes" Gegenüber treffen, immensen Stress erleiden, weil die jeweiligen Bedürfnisse nicht erfüllt werden. Ärger und Ängste bringen das Blut in Wallung. Blutdruck und Herzfrequenz steigen, während man sich in Verhandlungssituationen bemüht, seinen inneren emotionalen Aufruhr zu verbergen. In der Folge kann unsere Kommunikation linkisch werden und führt so womöglich zu Fehlentscheidungen.

- Aufgabe - Beziehung
- Geschwindigkeit
- Abschlussbedürfnis
- Ambiguitätstoleranz/ Unsicherheitsvermeidung
- Detailtreue und Behutsamkeit
- Aufmerksamkeit und Rücksichtnahme

Abb. 2.10 Psychologische Interaktionsbedürfnisse

Für eine IT-Expertin, neu im Unternehmen und neu in Deutschland, bestellte das Unternehmen eine interkulturelle Begleitung. Als ich die Klientin zum Vorgespräch traf, erklärte sie verzweifelt, ihr Team möge sie nicht und sie werde kündigen. Als Neuankömmling in Deutschland hatte sie keinerlei Information über die regionale Mentalität oder die Arbeitsweise der deutschen Niederlassung des Konzerns. Sie selbst war scheu und kollektivistisch geprägt. Ihr Englisch war nicht ausreichend. Ihr Mann lebte und arbeitete vierhundert Kilometer von ihrer Arbeitsstelle entfernt, so war sie als Neuling in der süddeutschen Region ganz und gar auf sich gestellt. Tatsächlich litt sie unter einem starken Kulturschock, 1951 zum ersten Mal definiert durch Cora de Bois (Seymour 2015). Ein Kulturschock verläuft in zwei Parabelkurven und gleicht der „Trauerkurve" nach Elisabeth Kübler-Ross. Der Kulturschock machte es ihr schwer, offen, locker und gelassen zu sein. Als beziehungsorientierte Person wollte sie Kontakt. Jedoch machten ihre fünfzehn extrem aufgabenorientierten männlichen Teamkollegen keine Anstalten, sie aktiv ins Team zu integrieren. Wohl erwartete man von ihr, alle nötigen Integrationsschritte eigeninitiativ zu unternehmen. Augenscheinlich sah das Team meine Klientin nur in der Rolle einer weiteren Mitarbeiterin, die ihre Aufgaben erfüllen sollte. Sie dagegen fühlte sich zunächst als Gast und Neuankömmling. Man ignoriere sie, gäbe ihr keine Informationen weiter und mache ihr das Leben schwer. Sie fühle sich ausgeschlossen. Zögerlich wandte sie sich an die Hierarchie um Hilfe. Ihr Vorgesetzter zeigte nach ihrem Gefühl kein Verständnis für ihr Anliegen und sagte, sie solle das im Team selbst klären. Genau dies kannte sie aus China nicht, wo die Hierarchie grundsätzlich das Sagen hat. So verstärkte sich ihr Kulturschock nachdem sie von der Führungskompetenz des Vorgesetzten bitter enttäuscht worden war.

Als IPC°-Consultants erleben wir immer wieder solche Situationen. Meine Haltung „Im Zweifel für den Angeklagten", erlaubt es mir zunächst nicht, Urteile zu fällen, da wir selten vor Ort in ein Thema involviert sind. „Wer hat hier Fehler gemacht" darf nicht die Frage sein, eher „Wer wurde wie und warum missverstanden?" und „Was hätte man im Vorfeld zur Integrationshilfe für den Neuankömmling und das Team tun können?".

Wenn Menschen mit starker Aufgabenorientierung und einer starken Machtprägung zu einer hohen Abschlussgeschwindigkeit im Beruf neigen, kann es sein, dass der Deal platzt. Nicht jeder Geschäftspartner schätzt eine hohe Geschwindigkeit. Meine deutschen Klienten berichten von großer Enttäuschung, wenn sie ihren asiatischen Delegationen im Schnellverfahren ohne Vertrauensbasis eine Vertragsunterschrift abringen wollten. Unverrichteter Dinge fuhren sie wieder nach Hause, um später noch einmal anzureisen. So wurden Budgets strapaziert und Menschen unter Stress gesetzt. Meine eigenen Erfahrungen mit indischen oder chinesischen Geschäftspartnern haben mich gelehrt, viel Geduld einzusetzen. Häufige Änderungswünsche in Verträgen vonseiten asiatischer Geschäftspartner entstehen oft aufgrund von situativen zwischenmenschlichen Gegebenheiten. Manchmal entscheidet man dort gerne kurzerhand neu, zumal eine hohe Unsicherheitsvermeidung zur peniblen Sammlung von vielen Informationen führen kann, was natürlich Zeit in Anspruch nimmt. Wer als Deutscher kein Händchen für die Auswahl des Gesandten hat, nicht den richtigen Ansprechpartner kennt, die Hierarchie übergeht und kein Vertrauen genießt, hat es schwer, schnell Verträge mit Menschen abzuschließen, die in dieser Weise sozialisiert sind. In meiner Arbeit habe ich es manchmal mit deutschen Delegationen zu tun, die über unprofessionelles Vorgehen ihrer fremdländischen Geschäftspartner berichten. Nur weil sie keine Zeit zum Kennenlernen, für einen intensiven Vertrauensaufbau und für den Abgleich von Arbeitsstilen einsetzen möchten, geraten sie in Verdruss und damit in Stress. Von Amerikanern erwartet man aus meiner Erfahrung, dass sie dieselben Verhaltens- und Arbeitsstile haben wie Deutsche. Oft höre ich von deutschen Businessleuten „Amerikaner sind wie wir". Da hat sich jemand arg in Stereotype verrannt. Wer sind *die* Amerikaner? Obama, Trump oder jeder Einzelne der über dreihundert Millionen Menschen auf einem riesigen Kontinent? Meine deutschen Teilnehmer erlebe ich in Seminaren völlig überwältigt und frustriert, weil sie vergaßen, dass jeder Mensch zunächst als Individuum wahrgenommen werden sollte und erst an zweiter Stelle als der Botschafter seiner Organisation und an dritter Stelle eventuell als bürgerlicher Unterstützer eines Staatsoberhaupts. Stereotype manifestieren sich als Vorurteile. Man muss gar nicht so weit reisen – überall gibt es Menschen, die durch ein nicht erfülltes Beziehungsbedürfnis und ungenügende Kommunikation kein Vertrauen in ihr Gegenüber haben. Wenn Sie eine bestimmte negativ geladene Erwartung haben, kann es sein, dass sie zur selbsterfüllenden Prophezeiung wird.

Durch hohe Detailtreue und stark ausgeprägte Unsicherheitsvermeidung kann man für andere mit hohem Abschlussbedürfnis (Förster 2008) ein schwieriger Verhandlungspartner sein. Amerikanische Geschäftsleute beklagen sich gern über die niedrige Entscheidungsgeschwindigkeit der Deutschen, der eventuell strukturelle Gegebenheiten zugrunde liegen und damit viele Abstimmungsschleifen nach sich ziehen. Dies wiederum führen Soziologen auf eine höhere Unsicherheitsvermeidung vieler Deutscher zurück, die sich im intensiven Sammeln von Fakten und deren sorgfältigem Abwägen zeigt. Schaut man sich im Kollegenkreis um, findet sich auch hier die eine oder andere Variante eher schleppender Entscheidungsfreude. Ein Mensch mit einer stark ausgeprägten Ambiguitätstoleranz kann mit Unsicherheiten gut umgehen. Er lässt sich nicht leicht stressen. Umgekehrt gerät eventuell jemand in Ärger, wenn er zu lange und zu oft mit Unsicherheiten umgehen muss. Häufige Erlebnisse dieser Art können zu Ängsten beitragen.

Wir wissen, dass unser Verhalten die Wahrnehmung des Beobachters bestimmt, wenn er uns nicht eingehend kennt. Die Wahrnehmung des Beobachters bestimmt wiederum, wie er auf uns zugeht. Seine Wahrnehmung basiert auf seinem Denkstil und seinen Gedanken. Wenn uns der Beobachter fremd ist, können wir unser Verhalten schwer angleichen. Wenn wir den Beobachter kennen, gelingt es uns leichter, unser Verhalten intuitiv zu steuern und umgekehrt. Wir können jedoch auch lernen, aus einer flexibleren Haltung auf andere Menschen zuzugehen und mit einer veränderten Intension zuzuhören. Zuhören, um zu verstehen, statt zuzuhören, um zu antworten und Recht haben zu wollen. Hin und wieder empfiehlt es sich, die Rolle des Beobachters von uns selbst einzunehmen. Eine ICH-KULTUR®, der eine solche Haltung zugrunde liegt, kann meines Erachtens eher zu einer Vernetzung beitragen, statt zu einer Trennung.

Menschen haben unterschiedliche Verhaltensstile. Weil das Gehirn von Menschen formbar ist, können jahrelang eingeübte Verhaltensmuster hier und da hilfreich sein. Bei Veränderungen können sie aber auch in eine rationale und emotionale Sackgasse führen. Verhaltensspezifische Angewohnheiten, die uns als automatisiertes Verhalten im Alltag helfen, sind manchmal ein wahrer Segen. Doch typischerweise verlangt automatisiertes Verhalten keine Alternativen. Wenn wir „eingefahrenes" Verhalten verändern möchten, müssen wir uns richtig anstrengen. Je flexibler unser Gehirn auf Situationen reagieren kann, desto leichter können wir eventuell mit Veränderungen umgehen. Dies zeigt sich nach außen in unseren Verhaltensstilen.

Stile

Die Plastizität unseres Gehirns beglückt mich immer wieder. Wir können aus Erfahrungen lernen, wenn wir achtsam leben. Wir können uns entscheiden, ob wir eingefahrene Stile ablegen möchten, um neue auszuprobieren. Hier geht es um Denkstile, Kommunikationsstile, Konfliktstile, Arbeitsstile und unser Entscheidungsverhalten (siehe Abb. 2.11).

Konfliktstile und ihre Auswirkung auf die Kommunikation

Sicher haben Sie ihrem Partner hie und da vorgeworfen: „Immer sagst du, … Immer machst du, … Immer arbeitest du so und so". Wenn ja, habe ich Sie dabei erwischt, einen Konfliktstil zu bedienen, den Virginia Satir den „Ankläger" nannte (Satir 2009). Mit sogenannter direkter Kommunikation greifen Sie Ihr Gegenüber an. Wie beim Fechten macht sich der Ankläger kampfbereit, „en garde", und schießt zurück, bis sein Gegenüber die vom Angreifer erwartete Reaktion zeigt: „touché", getroffen und Ziel erreicht. Schuld hat der andere. Jetzt könnten die Fetzen fliegen. Zieht sich Ihr Gegenüber eher zurück, entschuldigt sich oft, spielt die Sache herunter oder erklärt, alles sei nicht so schlimm? Dann könnte man ihn als „Beschwichtiger" einschätzen. Ein anderer hält sich an Fakten und bringt die Sache mit wenigen Worten cool auf den Punkt. Auch er kann zum Stressor werden, weil er kaum Gefühle zeigt und so dem Gegenüber wichtige Informationen fehlen. Unsicherheit ist damit vorprogrammiert. Genauso geht es mit dem sogenannten „Ablenker", der sich mit einer Vielzahl an Aktionen und Worten aus der Affäre zieht. Manchmal benutzen wir die Vogel-Strauß-Methode. Dann tun Menschen so, als hörten und sähen sie nichts von dem, was das Gegenüber so dringend ge-

Stile

- Denkstil
  (Kontextnotwendigkeit – Punktorientierung)

- Konfliktstile
  (ausweichend, anklagend, ablenkend, beschwichtigend, kongruent)

- Arbeitsstil (polychron – monochron)

- Entscheidungsverhalten
  (bewahrend, kreativ, nutzenorientiert, gehorsamorientiert)

Übergeordneter Verhaltensstil

- Hierarchietreue – Gehorsam – Individualität

Abb. 2.11 Stile

löst haben möchte. Damit sie nicht als einfältig gelten, erklären sie vielleicht, es gäbe Wichtigeres in ihrem Leben, und merken nicht, dass sie damit ihr Gegenüber respektlos behandeln. Das für eine fließende Zusammenarbeit wichtige Vertrauen hat so wenig Chancen. Wir alle haben typische Tendenzen, fallen solchen Stilen hin und wieder zum Opfer, wenn wir uns unserer „blinden Flecken" nicht bewusst sind. Das „Johari-Fenster" (Luft und Ingham 1955) ist auch nach vielen Dekaden seiner Existenz noch immer ein sehr hilfreiches Tool für jedermann, bewusste und unbewusste Verhaltensmerkmale zu erkennen. Die unbewusste und bewusste Wahl unseres Kommunikationsstils ist auf das Engste mit unseren Konfliktstilen verbunden, die Konfliktstile ihrerseits mit unseren Denkstilen.

Denkstile
Wie ist Ihr Denkstil? Mögen Sie es, Ihrem Gegenüber viele Einzelheiten über Vorkommnisse zu erzählen, während dieser Sie auffordert, zum Punkt zu kommen? Kennen Sie Menschen, die viel Kontext brauchen, um zu verstehen? Eine Klientin sollte ein IT-Projekt überwachen und optimieren. Ihr kontextorientierter Denkstil forderte mehr Kenntnisse über die Zusammenhänge. Jedoch war ihr Chef der Ansicht, sie brauche diese Informationen nicht. Weil ihr Bedürfnis nicht erfüllt wurde, konnte sie die Aufgabe nicht verstehen. Dadurch litt sie unter permanenter Versagensangst und Ärger. Der punktorientierte, zielorientierte Denkstil des Vorgesetzten und seine fehlende Umsicht und Weitsicht hielten ihn davon ab, ihr Bedürfnis zu erfüllen. Wegen ihres emotionalen Stresses und ihres sinkenden Selbstwertgefühls kam sie zu mir. Sie errang Einsicht in ihre interpersonellen Bedürfnisse und den Umgang mit eingefahrenen Stilen. Dies gab ihr den Mut, ihr Dilemma beim Vorgesetzten vorzubringen. Es stellte sich heraus, dass der Vorgesetzte nicht willig war, ihrem Anliegen zu folgen oder die Gründe dafür zu erklären. Weil sie die gewünschten Informationen nicht bekam, fiel es ihr schwer, erfolgreich kreative Lösungen zu finden. Am Ende wechselte sie in eine andere Abteilung des Unternehmens.

Unser Problemlöseverhalten wird von Denkstilen beeinflusst. Denken wir problemorientiert oder lösungsorientiert? Wenn unser logisches Denken bestimmt ist vom Erkennen einer Regel unter einer bedingenden Situation, nennen wir dies deduktiv. Wir leiten eine Konsequenz ab. Wenn wir aus Erfahrungen und Erkenntnissen Bedingungen sammeln und mögliche allgemeingültige Regeln ableiten, denken wir induktiv. Brauchen wir viel Information über den Kontext einer Situation, geben wir unserem Gegenüber vielleicht oft zu viele Informationen, die zwar für uns wichtig sind, die ihn aber in seiner Wahrnehmung verwirren. „Komm zum Punkt" mag seine Reaktion sein. Umgekehrt fällt es uns womöglich schwer, den Sachverhalt zu verstehen, wenn uns unser Gesprächspartner nur ein Minimum an Information gibt. Seine Punktorientierung kann uns ein Minderwertigkeitsgefühl geben und somit emotional stressen. Wie oben erwähnt, leitet sich der Denkstil auch aus einer Falle ab, die wir durch die Anwendung der Inferenzleiter für uns erkennen. Diese Falle beeinflusst unser Entscheidungsverhalten.

Eine deutsche Klientin, die für eine amerikanische Firma und deren Pendant in Japan arbeitete, war irritiert über den E-Mail-Verkehr mit ihrem japanischen Kollegen. Sie berichtete, dass ihre E-Mail-Anweisungen von ihm grundsätzlich mit Fragen beantwortet wurden. Kurzerhand packte sie ihren japanischen Kollegen in das Kästchen der Inkompetenz. Nun plante sie, sich an das Management zu wenden und um einen anderen Partner zu bitten. Nachdem wir das Thema gegenseitigen Gesichtsverlusts besprochen hatten, traute sie sich, trotz ihrer einfachen Englischkenntnisse mit dem Japaner zu telefonieren. Es zeigte sich, dass auch er irritiert und unsicher war, weil er sie nicht kannte und der knappe Schreibstil ihrer E-Mails für ihn ungewohnt war. Im Telefonat wurde ihr Ton freundlicher und zugänglicher. Ihr Kommunikationsstil änderte sich mit der Zeit stark und enthielt häufiger Bitten und Respektsbezeugungen. In den E-Mails verzichtete sie auf reine Anweisungen und Bulletpoints und beantwortete seine Fragen, statt sich darüber ärgerlich auszulassen. Bald änderte auch der Japaner sein Kommunikationsverhalten. Ihre und sicherlich auch seine emotionale Verfassung wurde besser, die Zusammenarbeit wurde langsam unkomplizierter. Ihr Stresslevel nahm ab, während ihr Arbeitsstil durch den Denk-, Kommunikations- und Arbeitsstil des anderen stark beeinflusst wurde. Mit der Zeit wurde sie verträglicher und verständnisvoller.

Arbeitsstile
Zur Vermeidung von Konflikten in der Arbeitswelt sollte uns bewusst sein, welchen vordringlichen Arbeitsstil wir präferieren. Wenn Sie einen technischen Beruf ausüben, arbeiten Sie sicher gut geordnete Checklisten ab. Schritt 2 kann nie vor Schritt 1 passieren. Bevor Schritt 1 nicht abgeschlossen ist, kann man sich gar nicht mit Schritt 2 befassen. In diesem Fall haben Sie einen monochronen Arbeitsstil (Hall 1966). Es gibt Menschen, die gerne polychron arbeiten. Sie arbeiten eher parallel, an unterschiedlichen Themen gleichzeitig. Wenn das eine Thema eine Pause braucht, konzentriert man sich auf das andere Thema. Dies hat nichts mit „Multitasking" zu tun. Wir wissen, dass unser Gehirn Multitasking gar nicht kann. Daher geraten wir auch in Stress. Polychron arbeiten viele Menschen in verschiedenen Landeskulturen. Sie sind es nicht anders gewohnt. In einer vordringlich monochronen Arbeitswelt

müssten sie sich umstellen, was auch möglich ist. Ein Mensch, der schon immer monochron arbeitet, wird es schwer haben, eine polychrone Arbeitsweise zu verstehen oder sie zu akzeptieren. Viele meiner Klienten in international agierenden Betrieben erleben hier große beiderseitige Konflikte.

Entscheidungsverhalten
Entscheidungsverhalten kann automatisiert sein und basiert nach meiner Auffassung auf individueller psychologischer Sicherheit oder Unsicherheit in Verbindung mit Selbstvertrauen. Die individuelle Sozialisierung hat auch hier einen Einfluss. Dennoch gilt für mich, wer seinen Intellekt einsetzt, sich bewusst entwickelt und an seinen bekannten Mustern arbeitet, kann sicher und schnell oder langsamer und bedachter entscheiden als zuvor. Er kann sich überdies an unterschiedliche Situationen anpassen oder aber an das Gegenüber, wenn es eine andere Verhaltenspräferenz hat. Wer vordringlich gehorsamorientiert entscheidet, hat möglicherweise früh gelernt, bei Entscheidungen eigene Einflussmöglichkeiten nicht in Betracht zu ziehen. Vermutlich hält er sich dann blind an Vorgaben vonseiten einer Hierarchie. Möglicherweise gibt ihm seine Religion vor, wie er sich bei Entscheidungen zu verhalten hat. Menschen, die kreativ und unabhängig entscheiden, lieben die Entdeckung verschiedener Möglichkeiten und gehen eher neue, überraschende Wege. Bewahrende Menschen tendieren dazu, den Status quo aufrechtzuerhalten. Mag sein, sie scheuen Veränderung. Nutzenorientierte Entscheider wägen pragmatisch ab und suchen die Variante, die die Sache praktisch nach vorne bringt (siehe Abb. 2.10).

In der heutigen globalen Geschäftswelt gilt das ungeschriebene Prinzip der hohen Reaktionsgeschwindigkeit. Digitale Systeme erfordern Compliance; das bedeutet zunächst gewillte Mitarbeit. Wenn ich als Lieferant vergessen habe, bei irgendeinem für meinen Bereich gänzlich irrelevanten Lernsystem zu Produktionsmaterial auf der Lieferantenplattform meine Häkchen zu setzen, erhalte ich eine automatisierte Erinnerung. Da es nur das System ist, das hier drängt, nehme ich die Sache nicht wirklich ernst; zu „remote" und distanziert ist mein digitaler Auftraggeber. Schließlich erkenne ich dahinter keinen Menschen, der mich abmahnen könnte. Ich entscheide daher langsam und möchte mein Häkchen setzen, wann es mir passt. Weil der Programmierer dies aber weiß, programmiert er Erinnerungen ins System. Ich erhalte eine Warnung zu meiner Compliance. Schon fürchte ich, dass mich das System als nicht ordentlich funktionierenden Lieferanten, also als „non-compliant" stigmatisiert und ich auf einer schwarzen Liste lande. In der Folge werde ich das nächste Mal in Zeitdruck und Stress geraten, weil ich die Warnung des Systems fürchte, obwohl meine Seminare immer sehr gute Noten bekommen.

Im besagten Fall muss ich die mir vorgegebene Geschwindigkeit einhalten und für mich irrelevante Aufträge meines Kunden ausführen. Dieses simple Beispiel zeigt die Geschwindigkeit und das eventuelle Stresspotenzial, das die digitalisierte Welt uns abverlangt, und die Gefahr besteht, dass Individualität verloren geht.

Individualität, Autoritätstreue, kollektives Hierarchiebewusstsein
Individualität definiert sich zunächst nicht ausschließlich als das Ausleben individueller Besonderheiten. Was macht eine biologische Einheit wie den Menschen zu einem Individuum? Gemäß dem Philosophen Jack Wilson (1999), der sich mit der biologischen Individualität befasste, ist das Individuum unteilbar und somit einzigartig. Auch wenn Wilson gelegentlich metaphysische Einlässe mit Wissenschaftlichem vermischt, kann sich die Biologie bei der Normierung von Lebewesen nicht gänzlich der Philosophie entziehen. Auf einem soziologischen Level bedeutet Individualität die Abkehr von der kollektiven Mentalität eines Systems. Die Soziologie sieht bei individualistischen Personen darin den Grund, eher lockere Bindungen einzugehen, die jederzeit wieder gelöst werden können. Individualismus wird hingegen als die Abwesenheit von Empathie-Fähigkeit und eines natürlichen Altruismus definiert (Gruen 2003) und zeigt sich letztendlich in Egoismus. Hier geht es um Individualität aus sozio-psychologischer Sicht. Kennen Sie Menschen, denen die Darstellung ihrer Einzigartigkeit (Individualität) über alles geht? Ihre Besonderheit zeigen sie gern kreativ im Auftreten und mit ausgefallenen Ideen, durch auffallendes Äußeres oder ungewöhnliche Sprachstile. Sie fallen auf, ecken an und genießen eventuell die entgegengebrachte Aufmerksamkeit. Andere interessiert Individualität nicht sehr, sie brauchen starke Hierarchien. Noch andere fühlen Halt, indem sie sich an Autoritäten anlehnen. Weil der Herr Pfarrer (Autorität) sagt, der Sohn sollte Priester werden, geht der Sohn ins Priesterseminar. Weil der Herr Bürgermeister (Hierarchie) einen gelben Gartenzaun hat, möchte ich auch einen gelben Gartenzaun. Weil ich mich anderen überlegen fühle (Hierarchie), baue ich eine große Mauer um mein Haus, damit grenze ich mich klar von anderen ab und schütze somit mein Hab und Gut vor unerwarteten Eindringlingen. Weil ich keine Unterordnung (Individualität, Raumgefühl) möchte, baue ich ebenfalls eine große Mauer und schütze mich somit von unwillkommenen Einflüssen von außen. Autorität, Hierarchie und Individualismus haben jeweils mit Macht zu tun. Wenn ein chinesischer Chef (Hierarchie und Autorität) die Sitzung verlässt, verlassen alle Untergebenen ebenfalls die Sitzung. Wenn mein Mitarbeiter sich unwohl fühlt, weil er den Schreibtisch mit einem Kollegen teilen muss, spürt er, dass sich sein persönliches Raumbedürfnis (Individualität) meldet. Selbst

moderne Großraumbüros haben das Potenzial zur Stressfalle zu werden, weil die schönsten Plätze der neuen Open-Space-Architektur ständig besetzt sind. In manchen Büros trauen sich Mitarbeiter nicht, Persönliches neben den Bildschirm zu stellen, weil sie die Einmischung der Hierarchie fürchten. In einem Workshop, der sich mit Vertrauen befasste, erzählten Mitarbeiter über die neugierigen oder abschätzenden Bemerkungen zur individuellen Gestaltung von Arbeitsplätzen durch die Mitarbeiter. Wem geben wir in so einem Fall die Autorität, über uns zu bestimmen? Wer entscheidet in unserer Welt über die Angemessenheit hierarchischer Bestimmungen. Der CEO eines Kunden bestimmte eines Tages, dass sich alle im deutschen Unternehmen duzen sollten. Dies führte bei meinen Klienten aus diesem Unternehmen verständlicherweise zu Belustigungen und Stirnrunzeln. Während der CEO mit einiger Kurzsichtigkeit möglicherweise lockerere Umgangsformen ins Unternehmen bringen wollte, raubte er durch seine hierarchische Anweisung jedem die individuelle Entscheidung. Mit Umsicht hätte er den Mitarbeitern die Entscheidung freigestellt; so verkehrte sich das Unterfangen in eine rein autoritative Aktion. Hierarchie sticht Individualität. Eine indische Firma entsandte die indischen Mitarbeiter mit für deutsche Verhältnisse unerhörten Bedingungen. Auf meine Nachfrage berichteten die Mitarbeiter, dass sie die Entsendung als Aufgabe zur Erlangung eines guten Karmas sahen. Ein anderes Mal heuerte eine süddeutsche IT-Firma indische Berater mit wichtiger Expertise an. Sie waren zum ersten Mal in Europa und kamen ohne jede interkulturelle Vorbereitung. Als sie mit großer Motivation ihren Dienst antraten, erwartete man von ihnen völlige Unterordnung und akzeptierte keine kritische Auseinandersetzung mit vorentschiedenen Problemlösungen. Relocation-Unterstützung war vonseiten der indischen Entsendungsfirma wie auch vom deutschen Kunden von vornherein ausgeschlossen. Meine selbst gewählte Aufgabe als Wohnungsgeber war es, sie bei den Fragen des täglichen Lebens und ihrer Integration zu unterstützen. Bald baten sie um Rat bezüglich ihrer Kommunikation mit den deutschen Projektleitern. Kurz nach Beginn der Tätigkeit wunderten sich die indischen Mitarbeiter, dass die deutschen Kollegen keine fachlichen Vorschläge wollten. Bald war klar, dass man sie als billige Arbeitskraft eingekauft hatte, statt als Berater. Man wollte die Alternativvorschläge, mit denen die indischen Mitarbeiter zu den Meetings gingen, nicht. Enttäuscht akzeptierten sie dies und hielten jede Problematik, bei der sich deutsche Mitarbeiter schon längst lautstark beklagt hätten, geduldig aus. Auf meine Frage erzählten die indischen Mitarbeiter, so wäre das eben, denn dem Vorgesetzten sei uneingeschränkt zu folgen, schließlich nütze die Anstrengung dem Karma. Die Folgen des Kulturschocks waren noch lange nicht ausgestanden, als der erste Inder von heute auf morgen abgezogen wurde. Andere folgten. Mit leisem Bedauern wurde die Entscheidung von den Mitarbeitern nach außen hin akzeptiert. Privat erlebten sie Unmut und Ärger, gepaart mit dem Unverständnis über fehlende Erklärungen der jeweiligen Hierarchien. Auch in kollektivistischen Gesellschaften gibt es individualistisch ausgerichtete Persönlichkeiten, die sich nicht kritiklos unterordnen. Wenn sie ihre Bedürfnisse nicht ausleben können, entsteht emotionaler Stress, der sich in physischen Problemen fortsetzt. So entsteht eine Problemkaskade. Wer deshalb im Ausland krank wird, ist doppelt stressgefährdet, wenn er gänzlich auf sich allein gestellt ist und wegen fehlender Ortskenntnis, geringen Kenntnissen der Landessprache und starker Autoritätstreue unpassende Schritte unternimmt.

Starke Konflikte im internationalen Miteinander, mit denen sich dann beide Seiten beschäftigen müssen, erfordern einen höheren Energieeinsatz für Konfliktlösungen als den für die eigentliche Arbeit. Kollektives Bewusstsein beeinflusst Gesellschaften entsprechend – einer der Entstehungsgründe von Mentalität (vgl. Abb. 2.11). Mit ICH-KULTUR® kann es gelingen, die eigene Mentalität zu hinterfragen und auszubilden, statt Gegebenem unkritisch gehorsam zu folgen.

Kommunikation
Kommunikation ist alles, und jede Interaktion ist Kommunikation. Wir entscheiden, wie taktvoll und kultiviert wir kommunizieren möchten (siehe Abb. 2.12). Das „Kleeblatt der Kommunikation" setzt sich aus drei Komponenten zusammen: Kommunikationswege, Kommunikationsstrategien und Kommunikationsstile (Malzacher 2010). Das folgende Beispiel zeigt, wie die Vernachlässigung dieses Kleeblatts im Geschäftsalltag zur Stressfalle wurde.

Ein Klient, als Projektleiter hoch motiviert und gelobt, trat eine neue Stelle bei der deutschen Tochter einer amerikanischen Firma an. Sein Arbeitsvertrag basierte auf deutschem Recht in einer deutschen GmbH. In den ersten Tagen seiner Tätigkeit wurde klar, dass die amerikanische Mutter die deutschen Gepflogenheiten seines Vertrags nicht akzeptieren wollte. Als der Neuankömmling begriffen hatte, dass sein Arbeitgeber unzuverlässig war, überlegte er einen passenden Kommunikationsweg, indem er genau abwog, an wen er sich wann schriftlich und wann mündlich zu seinen Anliegen äußern wollte, denn E-Mails sind immer auch Dokumente. Seine direkte Führungskraft hatte keinen Problemlöseeinfluss. So wandte er sich an die nächste Hierarchiestufe, den CEO. Als Kommunikationsstrategie wählte er die Auflistung der Abweichungen seines Vertrags und die danach von der anderen Seite revidierten Konditionen. Seinen Kommunikationsstil wählte er bewusst freundlich, aber bestimmt. Die andere Seite wählte den Kommunikationsweg über den direk-

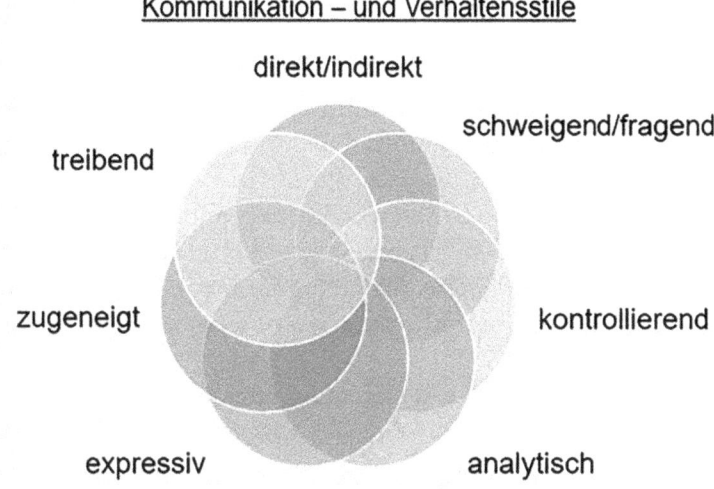

Abb. 2.12 Kommunikation

ten Vorgesetzten meines Klienten, der sich schnell zwischen zwei Stühlen befand und wegen der Missstimmung demotiviert war. Die Kommunikationsstrategie des amerikanischen CEO waren kurze E-Mails oder leere Versprechen, die Themen telefonisch durchzugehen. Sein Kommunikationsstil war vertippter Telegrammstil. In der Folge fühlte sich mein Klient nicht ernst genommen, ignoriert und schwer enttäuscht. Über Wochen bat er um Klärung, die sich nicht einstellte. Schließlich begann er, sich anderweitig zu bewerben. Wie sich am Ende herausstellte, war das Management mit internen Querelen derart befasst, dass die Zuständigen das Problem meines Klienten als zweitrangig ansahen.

Manager, wenn sie Führungskräfte sind, haben Fürsorgepflicht und die Aufgabe, Mitarbeitern das Gefühl der Akzeptanz und Zugehörigkeit zu geben. Das Kleeblatt der Kommunikation ist damit essenziell für gute Führung. Mitarbeiter und Manager gleichermaßen brauchen das Gefühl, gehört zu werden und dass ihre Bedürfnisse verstanden werden. Umgekehrt stellt eine Führungskraft sicher, dass sie verstanden wird, damit Mitarbeiter ihr folgen können. Sie zeigt Flagge, spricht Mitarbeiter an, wenn sie das Gefühl hat, der Mitarbeiter leide unter unbegründeten Ängsten oder sei Vermutungen zum Opfer gefallen. Gerüchte und Enttäuschungen werden so im Keim erstickt. Der Mitarbeiter hat seinerseits als Angehöriger der Organisation die Pflicht, auf seine Wahrnehmung von Missständen hinzuweisen. Konflikte können wir nicht vermeiden, wir können jedoch durch unser Kommunikationsverhalten, mit Einsicht über uns selbst und die Umstände, mit Umsicht und Weitsicht, versuchen, sie für ein reibungsfreies Miteinander so niedrig wie möglich zu halten.

Eine einfache Regel für das tägliche Tun nach Entscheidungen ist das oben genannte „Kleeblatt der Kommunikation". Sie fragen sich: *WER berichtet WEM WAS glockenklar WOZU und zu WELCHER angemessenen ZEIT?* Wer diese Regel zu seinem Credo macht, wird überlegt mit Umsicht und Weitsicht kommunizieren. Überdies hilft dabei das „ELAN HAND"-Modell (Malzacher 2007) als einfaches, werteorientiertes Tool, persönlichkeitsspezifische Aspekte zu berücksichtigen und unsere Worte so zu wählen, dass sie unser Gegenüber aufnehmen kann.

Gehören Sie eher zu den direkt Kommunizierenden und neigen zu Grenzüberschreitungen oder haben Sie eine Tendenz zur vorsichtigen, indirekten Kommunikation? Wir sind direkt, wenn wir Dinge ohne „Schnörkel" und Zusammenhangerklärung ansprechen. Dabei könnte es sein, dass wir dem Gegenüber auf die Zehen treten. Ziel erreicht? Ein eher indirekt Sprechender wird mehr Worte benutzen, eher beschreiben, weil es ihm wichtig ist, dass sein Gegenüber den Kontext versteht. Menschen, die vordringlich direkt oder indirekt kommunizieren, können lernen, ihren Stil dem Gegenüber anzupassen, um schneller oder leichter verstanden zu werden. Wie oben erwähnt, ist ein bestimmter Denkstil häufig verantwortlich für die Wahl des Kommunikationsstils. Wer eher analytisch denkt, wird sich eher an Zahlen und Fakten halten als jemand, der sich vordringlich zugeneigt und einfühlsam zu seinem menschlichen Gegenüber verhält. Ein anderer verhält sich eher treibend und möchte zunächst seine Ziele erreichen, ohne die Bedürfnisse des anderen zu erfragen. Und ein weiterer tritt vordringlich expressiv auf, ist eher laut und zeigt Gefühle mit der Tendenz, einen Analytiker zu stressen. Besonders eindrucksvoll beobachte ich dies immer wieder bei jungen Menschen im Zuge von Studentenpräsentationen und Trainings für Verhandlungsführung. Mir gefällt die positive Ungeschliffenheit, weil sich dort Chancen auftun, für die kontinuierliche Kultivierung und Geschmeidigkeit der individuellen werteorientierten Kommunikation.

Problematische Kommunikation kommt andererseits häufig von einem niedrigen Selbstwertgefühl. Es kann sein, dass dem Betreffenden der Mut zur Deutlichkeit fehlt. Vielleicht aber möchte er sein Gegenüber nicht verletzen und kommuniziert so ungewollt unklar. „Gewaltfreie Kommunikation" (Rosenberg 2015) hilft ihm dann, verständlich zu sagen, was er denkt, aber mit Worten, die nicht verletzen. In „aktivem Zuhören" Geübten ist es wichtig, keine Missverständnisse entstehen zu lassen. Sie werden zuhören, nachfragen und sicherstellen, dass sie alles so verstanden haben, wie es ihr Gesprächspartner meinte, statt impulsiv eine Inferenzleiter zu besteigen. (Ladder of Inference, nach Chris Argyris 1982). Dies wird sie dazu bringen, scheinbar logische Schlussfolgerungen und Urteile zu treffen, zu denen sie ihr Denkstil zwingt. Dementsprechend werden sie kommunizieren. Flexibel eingesetzte Kommunikationsstile zeigen für mich nachdrücklich, wie elastisch ein Mensch auf sein Gegenüber eingehen kann. Schweigt er lieber, kontrolliert er gern das Gespräch, fragt er viel oder ist er eher der Treibende? Menschen, die ohne Geschmeidigkeit kommunizieren, können zum Stressor für andere werden. Die Konflikt- und Stresswahrscheinlichkeit kann durch einen flexiblen statt automatisierten Kommunikationsstil in alle Richtungen adjustiert werden. Hierbei sei erwähnt, dass im interkulturellen Training oft Muster vorgestellt werden, wie Angehörige bestimmter Landeskulturen, Gender oder spezifische Berufsgruppen typischerweise kommunizierten. Dagegen erhebe ich größten Einspruch. Zu viele Variablen tragen zu unserer Eigenheit in jedem Moment bei und haben damit Einfluss auf die Flexibilität und Versiertheit unseres Kommunikationsverhaltens.

Wer sich mit dem DIALOG-Prozess nach David Bohm befasst, erkennt schnell, dass es sich hier nicht nur um eine Kommunikationsart handelt, sondern eine innere Einstellung, mit zutiefst altruistischer Haltung. Einsicht, Umsicht und Weitsicht werden durch DIALOG fließend gefördert. Ein Kollege im interkulturellen Training mit DIALOG, Stephen Holmes, nennt DIALOG den einzigen Kommunikationsstil, der bewusst auf das Verstehen der Komplexität und der Paradoxien sozialer Interaktionen ausgerichtet ist. Gleichzeitig strebt dieser Stil nach einer bewussten Ausdehnung des rituellen und zeitlichen Rahmens (Holmes 2005). Dieser Rahmen enthält die Absage an Urteile, er fördert das Zuhören, um zu verstehen, die Reflexion und die Identifikation von Vermutungen. Klärende Fragen runden diesen Rahmen ab. Teilnehmer einer DIALOG-Runde verpflichten sich hierzu. In seinem Artikel über interkulturelle Kommunikation in Verbindung mit dem Dialogprozess beschreibt Holmes, wie Letzterer durch viele Kommunikationstools besonders für berufliche interkulturelle Begegnungen genutzt werden kann. Auch ich setze im IPC®-Coaching verschiedene dieser Tools ein. Daneben veranstalte ich im Ehrenamt frei zugängliche kostenlose DIALOG-Sessions zu bestimmten von Teilnehmern ausgewählten Themen. Wenn wir mit einer DIALOG-Haltung kommunizieren und dabei gleichzeitig erkennen können, dass wir einer Vermutung aufsitzen oder ein Urteil fällen, während der andere noch spricht, oder unsere Gefühle und körperlichen Reaktionen wahrnehmen, dann kann es mit Übung gelingen, unseren emotionalen Stress zu reduzieren. Während der Corona-Krise trafen wir uns zu einer dreieinhalb-stündigen Bohm'schen DIALOG Session im Heidelberger Schlosspark. Auf Picknickdecken und Campingstühlen saßen unerfahrene und schon geübte Teilnehmer in gebührendem Abstand auf gepflegtem Rasen im Schatten einer riesigen Eiche. Patrollierende Kontrolleure beobachteten uns von Weitem.Schon der Titel „Glücksorte für Selbstmanager" zeigte, dass es selbst geübten Teilnehmern immer wieder schwerfällt, hinzuhören und zuzuhören, ohne zu bewerten. Jemand berichtete, dass das Wort Selbstmanager in ihm eine Abneigung hervorriefe, weil der Begriff eine Businesskonnotation hätte. Jeder kennt solche Erfahrungen durch bestimmte Worte. Sprichworte helfen uns im täglichen Miteinander, emotionale Brücken zu bauen oder negative abzureißen. Affektiv entstehen in Menschen Befindlichkeiten durch Gehörtes. Hierüber macht uns auch der Bohm'sche DIALOG bewusst. Er lässt uns auch erkennen, welche Fallen uns unsere eigenen Vermutungen stellen. Hierzu ist der „Fundamentale Attributionsfehler" beispielhaft. Auf die Frage, warum der genannte Teilnehmer das Wort Manager nicht mochte, kam zu tage, dass er das Wort Manager mit dunklen Anzug, Schlips und polierte Schuhe tragenden Männern verknüpfte. Diese gehörten nicht in sein Leben und seien ihm unsympathisch. Man darf annehmen, dass er Menschen, die auf diese Beschreibung passen als Manager und unsympathisch bewertet. Haben Sie sich schon einmal in einer solchen Denkfalle erwischt? Projektionen, Übertragungen geschehen uns im Leben immer wieder. Durch Kognitive Dissonanzen belügen wir uns selbst, um einen inneren Spannungszustand zu erleichtern. Der Bohm'sche DIALOG kann diese aufdecken und zu Augenöffnern über uns selbst führen. Wir werden uns unserer Kulturvariablen, unserer Werte und unseres Menschen- und Weltbildes bewusster.

2.2 Alles ist mit allem verbunden

Einmal unterhielten sich David Bohm und der indische Philosoph Jiddu Krishnamurti mit einem Biologen und einem Psychotherapeuten über die geistige Freiheit und die allumfassende Verbundenheit des Menschen mit der Natur. Sie waren sich einig, dass alle Menschen sich freuen und Seelenschmerzen erleiden können, egal welcher Hautfarbe, Nationalität oder ethnischer Kultur sie angehörten. Dies mache Menschen zu Menschen. Ein Problem sei für das Miteinander die geistige Wettbewerbsorientierung, unsere Weltsicht und unser Menschenbild zusammen mit unserer inneren Haltung. Unser Anspruch an ein Höher, Weiter, Schneller als menschliche Motivation ist in der Tat von Grund auf wettbewerbsorientiert. Innovativ und einzigartig, in permanenter Vibration und umgeben von Komplexität leben wir in der VUKA – Welt. Verunsichert durch Mehrdeutigkeit und dennoch verzückt durch die Möglichkeiten agilen Managements und neuen Arbeitsstilen lauschen wir den immer lauter werdenden Expertenstimmen. Wir sind getrieben von dem Streben nach Neuem und erkennen nicht, dass die Vorstellungen von Agilität mehrheitlich alter Wein in neuen Schläuchen ist. Iterative Prozesse gab es schon immer, wenn Produkte entwickelt wurden. Sie wurden damals Probe- und Wiederholungsphasen genannt. Bei der didaktisch – methodischen Gestaltung von Lehr-und Lernprozessen benutzen wir schon vor dreißig Jahren Prozesse, die man heute Design-Thinking nennt. Andere werden sich nie von der monochronen Gestaltung von Produktionsprozessen mit unumstösslichen Mustern verabschieden können. Nicht in allen Bereichen braucht es Agilität. Doch wir sollten alsbald lernen, wo wir mit unserer inneren Ausrichtung und Kulturvariablen arbeiten können. Diese stelle ich bei allen meinen Klienten, egal welcher Nationalität, in unterschiedlichem Ausmaße fest. Problematisch wäre daher für mich, wenn Lernenden Verhalten erklärt würde, welches ausschließlich einem bestimmten Kulturkreis zuerkannt wird. Ja, es gibt ländertypische Gewohnheiten und Etikette, die automatisiert und unreflektiert sein können, wie zum Beispiel die Wichtigkeit gemeinsamen Essens vor oder nach Geschäftsverhandlungen, einen Toast auszubringen auf den Gastgeber, gemeinsame Sportaktivitäten, wie Golfspielen, der notwendige Handschlag bei einer Begrüßung oder einem Geschäftsabschluss oder gerade kein Handschlag für Frauen bei Männern. Vielleicht finden Menschen Wangenküsse unerlässlich bei Begrüßung oder Abschied, während dies für andere unangenehm ist. Ein Kunde fand die Begrüßung in Indien mit dem Umhängen von Blumenketten belustigend. Ein anderes Mal war er entsetzt über die fehlende Verlässlichkeit und Unpünktlichkeit seines brasilianischen Geschäftspartners. Sein Pochen auf deutsche Pünktlichkeit führte zum Gesichtsverlust beider Seiten. Ein anderer Kunde meinte, in Japan mit der Vertragsunterschrift hingehalten zu werden, weil der japanische CEO sich mit ihm über deutsche Literatur unterhalten wollte. Seine deutsche Firma hatte keinen Einfluss auf sein Tun im fernen Japan, so war er mit seinem eigenen Unverständnis allein und verbrachte viel Zeit mit innerem Groll. Zurück in Deutschland schimpfte er über die Japaner als solche und stereotypisierte die japanische Bevölkerung.

Wenn der Einfluss der oben besprochenen Kulturvariablen zu inkompatiblem Verhalten mit nationalen oder internationalen Geschäftspartnern und Konflikten führt, müssen sie betrachtet werden. So möchten interkulturelle Seminare zu flexiblerem Verhalten mit unterschiedlichen Landeskulturen beitragen. Ein Teil der hier genannten Verhaltensmuster wird in solchen Seminaren gelehrt. Eindrucksvoll beschrieb Philippe Rosinski in seinem Cultural Orientations Framework (2003) generell die Psyche von Ethnien unterschiedlicher Länder. Er legte Untersuchungen der durch ihre Arbeiten bekannt gewordenen Kulturforscher der westlichen Welt zugrunde wie Hall, Hofstede, Kluckhohn, Strodtbeck, Trompenaars.

> A cultural orientation is an inclination to think, feel or act in a way that is culturally determined. For example, in the United States, people tend to communicate in a direct fashion, saying what they mean, and meaning what they say. The message is clear, but it can also be perceived as offensive. Their cultural orientation, then, is 'direct communication', in contrast with Asians' typical indirectness. Asians don't necessarily spell out what they mean, at the risk of being misunderstood, because they wish to avoid hurting someone's feelings (Rosinski 2003).

Im Internet findet sich eine Fülle von Analyseversuchen und Kategorienbildung über verschiedene kulturelle Verhaltensweisen und Etikette. Selbst typisches Problemlöseverhalten wird westlichen oder östlichen Kulturkreisen nachgesagt. Ich fand ein Beispiel, in dem ein Psychotherapeut auf einem Informationsblatt die Welt kategorisch in östliche und westliche Sichtweisen teilt (Mück, Arbeitshilfen, 2003–2004). Im westlichen Kulturkreis sei die kulturelle Sichtweise analytisch, im östlichen sei sie ganzheitlich. In Anerkennung überkommener Annahmen verstehe ich seinen Versuch einer tabellarischen Kategorienbildung nach Simon Ehlers (2004). Ich empfehle jedoch, bei aller Wertschätzung kollektiven oder individualistischen Verhaltens, solche Darstellungen grundsätzlich mit größter Skepsis zu betrachten, weil sie die Bewohner einer geografischen Region stereotypisieren. In mir tut sich ein Bild auf: Das dunkle, protzige Gebäude steht auf unwägbarem, sumpfigen Grund und vermittelt einen mysteriös abschreckenden Eindruck. Man gab uns die Aufgabe, dort an der Tür zu klopfen und eingelassen zu werden. Was machen wir, damit uns dies gelingt? Wir suchen Hilfe im Netz, lernen alles über die Technik des Brückenbaus, wir recherchieren über die Risiken dunkler Häuser und die lauernden Gefahren einer Sumpflandschaft. Wir lernen Techniken der Unsicherheits- und Angstbewältigung. Mühe und Zeit setzen wir ein, um dies alles theoretisch zu studieren, damit wir ganz sicher sein können, das Richtige zu tun, um unsere Aufgabe perfekt zu meistern. Wir vertiefen uns sorgsam in Details und verpassen das große Bild. Es ist uns entgangen, dass ein kleiner Pfad sicher über den Sumpf führt, in einem Fester ein buntes Licht leuchtet, aus dem freundliche Menschen uns fröhlich herbeiwinken. Aufgrund der sicher wohlwollenden Intention des Therapeuten im oben genannten Beispiel wäre ich als Kind des westlichen Kulturkreises ein schwarzes Schaf, weil ich mich sehr stark mit seinem Beispiel des östlichen Kulturkreises identifiziere, jedoch schon immer für beide Kulturkreise angepasst und erfolgreich arbeite. Der Effizienz wegen und weil unser Gehirn schlicht überfordert ist durch Komplexität, packen wir Menschen oft in Kästchen. Ein Mensch, der nicht nach unserer Erwartung gekleidet ist, erhält ein Label, ohne dass wir ein Wort mit ihm gesprochen haben. Ein Amerikaner, der asiatisch aussieht und sich gar nicht „asiatisch benimmt", könnte durch die Kästchen in unserem Denken zum doppelten Stressor werden. Ich kenne Nordafrikaner, die wegen ihres besonders eleganten Kommunikationsstils auffallen und sich mit höchster Flexibilität an neue Situationen anpassen können, doch wegen ihrer Hautfarbe negativen Vorurteilen ausgesetzt sind. Sie müssen viel Energie aufbringen für die Akzeptanz durch andere und werden so von ihrer eigentlichen Arbeit abgelenkt. Multiethnische Menschen, die sich der einen Hälfte ihrer Ethnie zugehörig fühlen und deren Bräuche leben, könnten sich als Fremdkörper im Umfeld der zweiten Ethnie fühlen. Dies gilt auch für unsere türkisch-deutschen Mitmenschen, die oft berichten, dass sie sich im jeweils anderen Land als nicht zugehörig fühlen. Gehen sie in die Falle bekannter Stereotypen, statt anzuerkennen, wer sie wirklich sind? Stereotype fördern Vorurteile, selbst wenn wir die allerbesten Ansichten haben. In der IPC®-Begleitung berücksichtigen wir die oben genannten Kulturelemente gleichermaßen, soweit uns dies der Klient ermöglicht. Jedes Individuum ist ein spannendes Unikat. Für die ICH-KULTUR® ist das oben erwähnte Cultural Framework nach Rosinski dann hilfreich, wenn es ausschließlich für die Information über mögliche Unterschiede und Gemeinsamkeiten angewandt wird. Jeden Vergleich und jede Stereotypisierung bezüglich ethnischer Zugehörigkeit sehe ich als äußerst respektlos, ja sogar gefährlich, und lehne sie kategorisch ab. Wenn wir die Vielschichtigkeit des Menschseins verstehen, könnte es in der globalisierten Welt endlich gelingen, den Menschen als Unikat im Sinne der Diversity-Bewegung (Charta der Vielfalt) wahrzunehmen.

Alles ist mit allem verbunden, doch wir trennen die Dinge in unserem Bestreben, die Komplexität zu verstehen. Unglücklicherweise vergessen wir häufig, Getrenntes wieder zusammenzuführen und so das gesamte Bild wahrzunehmen. Ein IPC®-Coach befasst sich mit dem gesamten Bild, indem er sich einen Überblick verschafft, ins Detail geht und am Ende zusammen mit dem Klienten wieder alle Mosaiksteine zu einem veränderten Bild zusammenpasst. Mit holistischem Ansatz unterstützt er den Klienten, seine Situation aus verschiedenen Perspektiven zu beleuchten, sich Zeigendes einzuordnen und seine Anteile an möglichen Konflikten zu verstehen. Er motiviert den Klienten, sich die Mühe zu machen, Übereinstimmung und Unterschiedlichkeit in den Menschen als Teil deren Einzigartigkeit zu akzeptieren und für das Verstehen notwendige Informationen zu sammeln. Er unterstützt den Klienten weiterhin bei dessen emanzipatorischer Entwicklung, dem Sich-Befreien von verkrusteten Denkmustern für flexibleres Denken und der stetigen Abwägung von Konsequenzen. Der Höhepunkt seines Tuns liegt für einen IPC°-Coach im Empowerment, der praktischen Ermunterung des Klienten, Pläne mutig umzusetzen und sich furchtlos mit den Folgen jeder neuen Veränderung auseinanderzusetzen. Universal ist hierbei die Beschäftigung mit dem zuvor genannten „Kleeblatt der Kommunikation" (Kommunikationsweg, Kommunikationsstrategie und Kommunikationsstil), denn Kommunikation ist alles, und alles ist Kommunikation. Auf diese Weise setzt ein Interpersonal Culture Consultant seine „Mission" um als E^4-Methode: Educate – Enhance – Emancipate – Empower.

2.3 ICH-KULTUR® und Altruismus

ICH-KULTUR° basiert auf Identität und fördert Authentizität. Menschliche Kooperation ist eine interkulturell-universell biologische Motivation. Sie ist ein angeborenes Verhalten und zeigt sich in bedingungsloser Hilfe. Ich habe an meinen eigenen Kindern und in deren Krabbelgruppe beobachtet, dass sie schon im Alter von eineinhalb Jahren anderen Kindern ohne Anleitung und ohne Erwartung einer Belohnung beistehen und helfen. Obwohl die wechselseitige Abhängigkeit voneinander unser menschliches Sein bestimmt, verschwindet im Laufe unseres Lebens vielfach dieser evolutionsimmanente Altruismus. Soziale Kompetenz wird in unserem Bildungssystem durch seine kompetitive Leistungsorientierung nicht gefördert. Das Interesse an Gewinnmaximierung widerspricht sozialem Verhalten. In Zeiten der Instrumentalisierung von Menschen und von Burn-out macht man sich nun neue Gedanken bezüglich der Entwicklung liebevoller Güte. Philosophen wie Wilhelm Schmid und Matthieu Ricard reden und schreiben über Glück als Lebenskunst. Ein neurobiologisches Forschungsprojekt am Max-Planck-Institut, Leipzig, untersucht die „Allumfassende Nächstenliebe" (Singer 2017). Tanja Singer und ihre Kollegen stellen sich die Frage: „Wie stellen wir Altruismus in den Vordergrund zum Wohle des Globus?" Das „Bündnis Zukunftsbildung in Deutschland" erarbeitet einen Aktionsplan für die zukünftige schulische Bildung. Es besteht die allgemeine Erkenntnis, dass wir eine Richtungsänderung im sozialen Denken brauchen. In Zeiten großer Unzufriedenheit und globaler Unsicherheit tut es not, innezuhalten und sich seiner Menschlichkeit zu besinnen. Mein Anspruch als Consultant und Coach ist die Förderung individueller Umsicht, Einsicht, Weitsicht und schließlich Nachsicht zum Wohle eines guten Lebens und weitgehend störungsfreier Mitmenschlichkeit. ICH-KULTUR® leistet einen Beitrag, indem sie die Bedeutung unseres individuellen Einflusses in ein jeweiliges System bewusst macht. Sie fördert Empathie. Aus Empathie wächst Mitgefühl und Achtsamkeit. Diese generieren nachhaltig positive Gefühle, indem sie Solidarität und Energie aktivieren. Da freut sich unser Gehirn über die Erhöhung des Oxytocin-Spiegels. Als Hormon und Neurotransmitter spielt es eine bedeutende Rolle bei der Stressregulierung. Es verringert den Blutdruck und den Kortisol-Spiegel und trägt zur Luststeigerung bei. Man darf annehmen, dass positive Gefühle Vertrauen anregen. Selbstvertrauen fördert mutiges Fragen. Mutiges Fragen erwirkt Antworten. Antworten bringen Fakten. Fakten sind Grundlage für informierte Entscheidungen. Informierte Entscheidungen, statt Annahmen, können zu mehr Gelassenheit beitragen, weil sie eine Balance von rationalem Wissen und emotionalen Reaktionen ermöglichen. Gelassenheit ist für mich die Voraussetzung für ein auf das Gemeinwohl ausgerichtetes Verhalten im Sinne eines effektiven Altruismus. Dieser verbindet Herz und Hirn, indem Menschen (globale) Probleme wissenschaftlich-rational angehen und altruistische Handlungen daran orientieren, dass eingesetzte Mittel möglichst Vielen dienen. Hierzu gehören jene der EA – Bewegung nachstehenden Organisationen, die sich für Tierwohl einsetzen bis hin zu Zukunftstechnologien und diese durch Spenden und Mitarbeit unterstützen. Demgegenüber steht der reziproke Altruismus als menschliche Handlung in Erwartung einer Gegenleistung. Vergeltung als Tit-for-Tat oder als Schutz vor Ausbeutungsversuchen. Ich helfe dir bei der Gartenarbeit, dafür hütest du meine Hunde ist oder ähnlich fungiert als gängiger Ausgleich und eher merkantilistisches Prinzip als reiner Altruismus. Der frühere US Präsident Trump praktizierte dieses Prinzip kriminell, indem er Staatsoberhäupter durch Manipulation und Verleumdungen zu Hilfeleistungen zwingen wollte zum Wohle seines eigenen Weiterkommens. Einer meiner auftraggebenden Führungskräfte sagte mir einmal aufgebracht, sein Unternehmen sein schließlich kein altruistischer Verein. Seinen inneren Konflikt bezüglich der Kultur seiner Organisation und seiner eigenen Prinzipien konnte er nicht verbergen. Er wünschte sich bessere psychologischen Kenntnisse für seine Eigenführung. Fortan war meine Aufgabe, mit ihm allgemeine sozio-psychologische Erkenntnisse zu besprechen und seinen Kommunikationsstil anzupassen. Er begann, seinen Führungsstil zu verändern. Irgendwann sah er sich selbst auf der firmeninternen Abschussliste und orientierte sich in Richtung Exit. Mein Coachingauftrag für seine Abteilung ging damit zu Ende. Wer seine FührungsKRAFT entwickeln möchte, kann sich sicher sein, dass er nie wieder auf ursprünglich

Dagewesenes zurückfallen wird. Er wird weiter und weiter gehen in einer evolutionären Spirale, die mit jeder Umdrehung ein Stück mehr Einsicht und Kompetenz bereithält. Mit der Zeit wird er sich nicht mehr vorstellen können, wie er einmal war, er wird weitersuchen, wer er sein will. Dieser lebenslange Prozess nennt sich Lernen. Hierzu benötigen wir ein dynamisches Selbstbild statt eines statischen.

Doch wer sind unsere Vorbilder, unsere Modelle? Bringt uns die Aussage „Ich will so sein wir du/er/sie" überhaupt weiter? Finden wir zunächst heraus wie wir nicht sein möchten. Hier mag die Fabel helfen über den Skorpion und die Schildkröte. Ein Skorpion bat eine Schildkröte, ihn auf ihrem Panzer ans andere Ufer des Flusses zu tragen. Empört sagte die Schildkröte „Nein", sie wäre doch nicht lebensmüde. Der Skorpion erwiderte, wenn er sie steche, würde sie untergehen und er würde ertrinken. So nahm ihn die Schildkröte mit. In der Mitte des Flusses versuchte der Skorpion, die Schildkröte durch ihren dicken Panzer zu stechen. Die Schildkröte rief ihm zu, dies sein zu lassen. Der Skorpion erwiderte „Mein Wesen zwingt mich dazu, ich kann nicht anders". Mit einem Ruck tauchte die Schildkröte unter und der Skorpion ertrank im Fluss. Ein IPC Consultant baut auf die lebenslange Entwicklung der ICH-KULTUR. Er ermuntert seine Klienten zur Einsicht, Umsicht, Weitsicht und Nachsicht. Überdies lernt er unentwegt selbst. Mit Aufmerksamkeit und Achtsamkeit gegenüber Klienten und sich selbst übernimmt er Verantwortung sowie einfühlende Fürsorge für sich zeigende Fragen. Psychoedukative Ansätze und eine systemorientierte Ausrichtung dienen dabei ebenso wie psychoanalytische oder verhaltenstherapeutische Beratungsmethoden für die Zielerreichung. Dabei sind die Ziele des Klienten bei der Auftragsklärung glockenklar definiert. Eine zentrale Frage schwebt jedoch über jeder Coaching-Sitzung. Wer bin ich und wie möchte ich sein? Hierzu hilft die Entwicklung eines ICH-Pitch.

2.4 ICH-Pitch

Wir reden heute viel über „Purpose", ein weiteres erklärungswürdiges Schlagwort. Was denken Sie, lieber Leser, ist „Zweck" die richtige Übersetzung oder eher „Lebensinhalt oder Lebensziel"? Einsicht, Umsicht und Weitsicht sind für mich Grundpfeiler eines guten gemeinschaftlichen Lebens trotz aller Widrigkeiten. Viele meiner Klienten suchen Antworten auf Lebensfragen wie berufliche Orientierung, Umgang mit Konflikten und lebenspraktische Umsetzungsstrategien, Selbstmanagement in Form von Selbstführung und Mitarbeiterführung. Was ist richtig und wichtig? Was gibt mir Freude oder

Glücksgefühle? Was hält mich im Unternehmen motiviert? Wie kann ich FührungsKRAFT entwickeln? Wie kann ich zur Motivation anderer beitragen? Bin ich der/die Richtige für das Unternehmen? Welche Menschen passen zu mir? Viele leiden unter ihrer Unfähigkeit, solche Fragen nicht beantworten zu können. Daher weichen sie lieber aus und hoffen, dass sie keine Antworten finden müssen. Denkfalle! Wer zufrieden sein möchte mit seiner Arbeitsstelle, Arbeitsaufgabe und allem Drumherum, sollte sich solche Frage beantworten. Im Rahmen einer Coaching Begleitung für FührungsKRAFT bitte ich meine Klienten, ihren persönlichen ICH-Pitch zu erstellen. Dieser zeigt gewollt plakativ die elementare Ausrichtung ihrer ICH-KULTUR. Wer sich als Klient in wegweisender Orientierung, schwierigen Lebenssituationen oder interpersonellen Konfliktproblematiken befindet, kann über den ICH-Pitch Klarheit gewinnen.

Entsprechend eines „Elevator Pitch", währenddessen Sie in 30 Sekunden über Ihr Produkt, Ihre Tätigkeit oder Organisation berichten, können Sie sich als Ihr eigenes Markenzeichen positionieren. Bewerber und vor allem frischen Führungskräfte schätzen den ICH-Pitch als Anker für ihre Ausrichtung.

Eine Imagination. Stellen Sie sich vor, Sie stehen im Aufzug Ihres Lebens zusammen mit einem anderen Menschen. Sie nehmen sich wichtig. Ihr Gegenüber ist jemand, dem sie wichtig sind und der Ihnen wichtig ist. Sie fühlen eine besondere Verbindung zu Ihrem Gegenüber. Wahrhaftigkeit ist Ihnen wichtig, Spielchen haben hier keinen Platz. Sie schauen in die Augen des Gegenüber und wissen, dass Ausflüchte oder Unwahrheiten unangebracht sind. Ihr Gegenüber strahlt ein tiefes Interesse an Ihnen aus und bittet Sie, Ihren ICH-Pitch zu erklären. Bevor der Aufzug nach 30 Sekunden anhält, haben Sie erzählt wen Sie repräsentieren. Nun bedankt sich Ihr Gegenüber und verschwindet und Sie erkennen, dass Sie ihrem Spiegelbild erklärt haben, wer Sie sein möchten.

Ihr ICH-Pitch enthält *Ihr Lebensmotto* gleich Ihrem Lebenssinn. *Ihre Mission* stellt dar, was Sie wie tun möchten. *Ihre Vision* entspricht Ihrem zielgerichteten Ausblick. Dazu kommen *Ihre vier wichtigsten Grundwerte* und *ein Versprechen* als Verbindlichkeit. Durch Ihren ICH-Pitch, stehen sie fest und unumstößlich in Ihrem Leben gleich einem Baum, während Ihre Werte die starken Baumwurzeln repräsentieren. Mit einem klaren ICH-Pitch entgehen Sie Manipulationsversuchen und eigenen unüberlegten Handlungen. Sicher kann er Ihren Lebenspfad begleiten, flexibel bei Windstößen reagieren. Ebenfalls wie Äste und Blätter entwickeln sich Elemente Ihres ICH-Pitch präziser über die Lebenszeit. So kann ihr ICH-Pitch als innerer Kompass dienen. Weiter unten finden Sie drei Beispiele eines ICH-Pitch.

Wenn wir heute von „Psychological Safety" in Unternehmen sprechen, möchten wir, dass Mitarbeiter gegenüber Führungskräften und Kollegen angstfrei sprechen können ihre Meinung und Bedenken äußern sollen (vgl. Edmondson 2018). Je nach Hierarchieverständnis udn Autoritätstreue innerhalb unserer ICH-KULTUR wie in Abschn. 2.1.4 beschrieben, tragen wir selbst zu unserem psychologischen Wohlgefühl bei. Seit 1990 erforscht die Harvard Professorin Amy C. Edmondson Faktoren, welche „psychologische Sicherheit" in Teams hervorbringen. Als Eckpfeiler ergab sich Vertrauen. Vertrauen schafft nicht nur ein Sicherheitsempfinden im Menschen, sondern fördert die Bildung von Oxyticon im Gehirn, bekannt als Wohlfühlhormon. Wer Vertrauen hat und sich wohlfühlt, ist offener, neugieriger, kreativer, motivierter und riskiert auch gerne etwas. Vertrauen ist daher die Basis für positives Denken. Selbstvertrauen und Selbstsicherheit können sich über unsere Erfahrungen während des Aufwachsens, Erwachsenwerdens und bis zum Lebensende entwickeln. Wer an seine Selbstwirksamkeit glaubt, sich so annehmen kann wie er sich sieht, kann auch leichter mit Fehlschlägen oder Misserfolgen umgehen. Serotonin als Botenstoff und Oxytocin als Regulator für Blutdruck und Kortisolspiegel fördern biologische Voraussetzungen für Gelassenheit. Diese entsteht jedoch auch, wenn wir uns unseres ICHs sicher sind. Wir erfahren Einsichten und entwickeln Umsicht, weil wir unserer Wirkung auf unsere systemische Mitwelt bewusst sind. Wer werden weitsichtiger, weil wir mögliche Konsequenzen unseres Handelns antizipieren. Die positivste aller menschlichen Fähigkeiten ist die Nachsicht. Sie entsteht aus einer liebevollen Haltung gegenüber unseren Mitmenschen und anerkennt unsere Interdependenz als Menschen. Die durchdachte ICH-KULTUR einer Führungskraft fördert Selbstsicherheit und überträgt sich auf das Team. In Zeiten von Agilität und evolutionärer Organisationen möchten wir auf Führungskräfte verzichten. Der Einzelne tritt ins Rampenlicht, verschwindet und taucht in einem anderen Team wieder auf, nimmt Einfluss. Umso dringender brauchen wir in Mitarbeitern und Teammitgliedern eine geklärte ICH-KULTUR mit ICH-Pitch als Kompass für die emotional reibungslose Zusammenarbeit und eine „Psychological Safety". Erkunden Sie nun im Folgenden drei Beispiele für einen ICH-Pitch.

Der ICH-Pitch einer fiktiven Person A könnte so aussehen: **Lebensmotto:** Spaß bei der Arbeit und Freizeit. **Mission:** Ich bringe Menschen Freude. **Vision:** Ich möchte der beliebteste Komiker der Region sein. **Werte:** Mut, Respekt, Kreativität, Unabhängigkeit. **Verbindlichkeit:** Ich verspreche ein flexibles Engagement.

Person B hat diesen ICH-Pitch formuliert: **Lebensmotto:** Erfolg zeigt sich in harter Arbeit. **Mission:** Ich leiste einen Beitrag zur politischen Bildung in meiner Stadt. **Vision:** In meinem öffentlichen Wirken möchte ich ein geschätzter Mitstreiter sein. **Werte:** Klugheit, Treue, Sicherheit, Humor. **Verbindlichkeit:** Ich verspreche, mich verlässlich einzubringen.

Person C formuliert ihren ICH-Pitch wie folgt: **Lebensmotto:** Teile deine Erfahrung mit anderen Menschen. **Mission:** Ich möchte andere Menschen beim Lernen unterstützen. **Vision:** Ich möchte meine Erkenntnisse über soziale Gerechtigkeit Interessierten hinterlassen. **Werte:** Gerechtigkeit, Gleichstellung, Wirksamkeit, Menschlichkeit. **Verbindlichkeit**: Ich werde kämpfen.

Möglicherweise gleichen Sie beim Lesen automatisch ab, ob dieser Mensch Ihrer Meinung nach richtig liegt. Um diese Art der Bewertung geht es nicht. Diese Beispiele sollen Sie vielmehr anregen, Ihren eigenen ICH-Pitch zu entwerfen. Wie dies geht, zeige ich Ihnen im nächsten Abschnitt.

Die Suche nach meinem ICH-Pitch? Eine Anleitung.

Um den gesamten ICH-Pitch zu generieren, sollten Sie sich fünfmal auf einen langen, entspannten Spaziergang begeben. Sitzen Sie auf keinen Fall an einem Schreibtisch oder auf dem Sofa. Denken Sie nie, dieser ICH-Pitch ist einen Schulaufgabe, die zeitgerecht und gut gemacht abgeliefert werden soll. Wenn es Ihnen gefällt und hilft, benutzen Sie die folgende Imaginationsanleitung. Erfahrungsgemäß ist das erste Solo-Meeting am eindrücklichsten. Vielleicht möchten Sie sich die Anleitung auf eine Karte schreiben, die Sie in die Hosentasche stecken. Nehmen Sie auf keinen Fall dieses ganze Buch mit. Sorgen Sie dafür, dass Sie während Ihrer Suche nicht abgelenkt werden.

Eine Imagination. Nehmen Sie sich viel Zeit, gehen Sie auf einen Waldspaziergang oder über eine Wiese. Wenn Sie das Gefühl haben, dass Sie loslegen können, bleiben Sie stehen oder setzen Sie sich und schließen die Augen. Stellen Sie sich einen mentalen Ordner oder eine Kiste vor. Welche Farbe hat diese Kiste? Hier hinein legen Sie nun alle Gedanken, die sich um Familie, Hund, Haus und Hof, Auto oder Firma drehen in diesen mentalen Ordner. Legen Sie eines nach dem anderen dort ab. Nun gehen Sie mit dem Ordner oder der Kiste in den Keller oder auf Ihren Speicher und stellen diese in ein Regal. Wie sieht das Regal aus? Wenn Sie den Ordner verstaut haben, schütteln Sie Ihren Arme, Hände und Beine aus, lassen Sie alles von sich abfallen was den Findungsprozess Ihres ICH-Pitch stören könnte. Verweilen Sie eine weitere Minute in Ruhe und atmen Sie dabei tief in den Bauch und tief aus. Spüren Sie in sich hinein. Welches Gefühl zeigt sich? Ihre Augen sind immer noch geschlossen. Können Sie es benennen, dann merken Sie es sich für später. Gehen Sie an ihre innerliches Fester. Wie sieht dieses aus? Hat es durchsichtige Scheiben, Milchglas oder ist es durch dunkle Läden verschlossen. Öffnen Sie ihr mentales Fenster und schauen Sie hinaus. Was sehen Sie? Welche Farben? Was hören Sie? Welche Tonlagen? Was gefällt Ihnen bei diesem

Ausblick? Merken Sie sich all dies für später. Verweilen Sie solange Sie möchten.

Fragen I Lebensmotto. Ihre Augen sind noch immer geschlossen. Während Sie hinausschauen durch Ihr mentales Fenster, denken Sie nach, was Ihr innigster FreundIn sagen wird, wenn er/sie über das eine Wichtigste gefragt würde, was Sie für die Welt tun möchten? Sollte Ihnen nichts kommen, könnten Sie sich vorstellen, dass er einen durchdachten Überzeugungssatz für sie entwickelt, weil Sie dies repräsentieren. Man könnte sich zum Beispiel hier anlehnen an eine Devise von Aristoteles „Du kannst den Wind nicht ändern, aber die Segel anders setzen." Dies bezöge sich zum Beispiel auf Ihre Veränderungsüberzeugung. Nun könnten Sie weitergehen und sich noch einmal fragen, wie Sie in Erinnerung behalten werden wollten, wenn Sie das Leben verlassen. Öffnen Sie nun Ihre Augen und atmen Sie tief durch, schütteln Sie ihre Arme und Beine aus. Schauen Sie sich um. Hier ist die Erde und das Leben darin, was möchten Sie für diese tun? Ihr Lebensmotto zeigt sich eventuell nicht gleich, doch in den kommenden Tagen können Sie es ganz aufschreiben, sofern Sie es wirklich finden möchten.

Fragen II Werte. Ihre Augen sind noch immer geschlossen. Wie sieht Ihr mentales Fenster heute aus? Hat es noch dieselbe Form und Farbe? Denken Sie nun an Menschen, die Sie immer wieder ärgern. Fragen Sie sich, warum sie sich über deren Verhalten ärgern. Könnte es sein, dass Sie sich über die Unpünktlichkeit Ihres Freundes oder Kollegen ärgern? Ist dies ein echter Stressor für Sie. Dann wäre es möglich, dass Verlässlichkeit oder Kontrolle ein wichtiger Wert für Sie ist. Fühlen Sie sich über zu wenige oder unvollständige Kommunikation vonseiten Ihres Geschäftspartners irritiert, könnte es sein, dass Transparenz ein unumstösslicher Wert für Sie ist. Werte zeigen sich im Kleid von Bedürfnissen in wichtigen Situationen. Sammeln Sie vier Ihrer wichtigsten Werte und bauen Sie Ihr eigenes Wertegebäude (vgl. Malzacher 2010). Gleich einem Strickmuster ziehen sie sich durch Ihr bisheriges Leben. Was sollten wir tun, damit dieses enorm wichtige Element unseres ICH-Pitchs von anderen respektiert wird? Natürlich! Wir sollten es ihnen mitteilen. Als Führungskraft und als Mitarbeiter sind Sie zu jeder Zeit frei, Ihrem Gegenüber zu sagen, welche Werte Ihnen wichtig sind. Ich gebe diese meinen Geschäftspartnern sogar schriftlich.

Fragen III Mission. Ihre Augen sind noch immer geschlossen. Und heute? Wie sieht Ihr mentales Fenster heute aus? Sind Sie eventuell an einem anderen Ort, der einen anderen Ausblick bereithält? Denken Sie nun an Ihren inneren Helfer/Boten/Umsetzer/Entwickler/Sammler. Handelt es sich um eine weibliche oder männliche Gestalt? Wie sieht diese aus, welche Statur hat er/sie/es. Wie ist Ihr innerer Helfer gekleidet? Trägt er eine Tasche, einen Rucksack oder schiebt er einen Karren, sitzt er in einem Fahrzeug? Scharen sich Leute um ihn? In welcher Umgebung hält er sich auf, am Wasser, auf den Bergen, in der Stadt? Ist das Wasser ein See oder das Meer, und in welchem Land befindet sie sich? Lächelt die Gestalt? Welchen Gesichtsausdruck hat sie? Welche Farben sind um sie herum? Spricht sie zu Menschen von irgendeinem Podest oder ist er als einer unter Vielen durch ein spezielles Merkmal zu erkennen? – Die Mission steht für unser Vermächtnis am Ende unseres Lebens. Sie justiert sich alle 7–10 Jahre leicht. Dennoch möchte ich die Frage stellen „Wollen wir am Ende unseres Lebens als Erdenbewohner überhaupt wahrgenommen werden?"

Fragen IV Vision. Warum sollten Sie Ihre Augen schließen, wenn es um eine Vision geht? Die Antwort ist einfach, eben weil es um eine Vision geht, die noch nicht klar sichtbar ist. Sie ist eben eine Vision, ein Verlangen, ein inneres Ziel, ein Streben nach Erfüllung. Die energiereichste unter den Elementen des ICH-Pitch ist die Vision, jedoch auch diejenige, die am meisten Realitätssinn fordert. Also schließen Sie die Augen, schauen Sie durch Ihr mentales Fenster weit in die Ferne. Was sehen Sie da? Sehen Sie sich in Ihrem wahrgewordenen Traum? Haben sich Dinge ergeben, die Sie schon ahnten oder befürchteten? Befinden Sie sich immer noch auf einem Boot inmitten eines tossenden Ozeans? Spüren Sie nach in ihrem Inneren. Vielleicht rudern Sie auch mit einem zufriedenen Lächeln auf einem ruhigen See? Oder befinden Sie sich in einem Menschengetümmel ohne zu wissen, welche Richtung Sie einschlagen sollen? Die Vision ergibt sich aus unserer Mission. Wer eine klare Mission hat, die ihn glücklich macht, wird sich unaufhörlich für ihre Erfüllung einsetzen. Er wird nicht ruhen, bis eine Art der Vision erreicht ist. Die Vision kann sich mehrmals ändern, sie ist flexibel und system – und situationsabhängig. Hier zwei Beispiele für eine berufliche Vision, „ In drei Jahren werde ich mich als Betriebsratskandidat aufstellen lassen und den Posten erhalten." „Durch meine geplanten zwei wichtigen Weiterbildungen werde ich mir eine Expertise aneignen, die mir eine Bewerbung bei meinem Wunscharbeitgeber erlaubt."

Fragen V Versprechen. Nun kommt der Schwur, ein Versprechen als Verbindlichkeit. Die vielen, herzerfüllten Gedanken über mich nehme ich ernst. Ich kann mir selbst in die Augen schauen, in mein Spiegelbild im Aufzug meines Lebens. Die Ernsthaftigkeit, mit der wir unseren ICH-Pitch verteidigen repräsentiert uns und nur uns selbst. Hier ein Beispiel in nur einem Satz. „Ich verspreche mit selbst, das Notwendige zu tun, damit ich mein Lebensmotto inklusive meiner Werte leben kann unter der Voraussetzung meiner persönlichen Gesundheit aufmerksam und achtsam gegenüber meinen Mitmenschen bin."

Zugegeben, einen ICH-Pitch zu erstellen fordert Hingabe, Zeit und Geduld. Wir wissen, dass unserer innerer Diamant nur dann wachsen kann, wenn wir ihn nähren. Als IPC Consultants geht uns Professionalität über alles. Daher gehen wir mit unseren Klienten auf die Suche nach Antworten. Diese haben Klienten zumeist schon in uns, wenn auch verborgen. Wir helfen, diese an die Oberfläche zu bringen und unseren Klienten, sie ehrlich in Betracht zu ziehen. Häufig braucht es einen Impuls von außen, den wir bewusst anbieten. Manchmal reicht jedoch schon unsere Anwesenheit als aufnehmender und reflektierender Mensch und durch entsprechendes Feedback. IPC Consultants sind keine Psychotherapeuten, denn wir arbeiten mit Menschen ohne klinische Diagnose. Doch häufig arbeiten wir mit Menschen aus unterschiedlichen Kulturen und erkennen einen Veränderungsproblematik oder sogar echten Kulturschock. Menschen brauchen Menschen. Menschen hilft belegt Einsicht, Umsicht und Weitsicht durch die Beschäftigung mit ihrer ICH-KULTUR.° Hier folgt eine Illustration durch die Geschichte über Mine und Gert Simon.

Literatur

ACA (2016) American Counseling Association Journal. www.counseling.org

Bauer J (2016) Warum ich fühle was du fühlst: Intuitive Kommunikation und das Geheimnis der Spiegelneurone. Heyne, München

Berne E (2004) The games people play – the basic handbook of transactional analysis. Ballantine Books, New York

Binschedler K (2017) Culture development of serial expats. Sietar Group. www.binschedler.com

Britten U (2017) Im Gespräch mit A. Heinz und G. Roth: Das Gehirn selbst nimmt sich nicht wahr: Hirnforschung und Psychotherapie. Vandenhoeck & Ruprecht, Göttingen

Caspi A (2005) Personality development: stability and change. Annu Rev Psychol 56:453–484

Covey SR (1994) First things first. Fireside, New York

DAK (Hrsg) (2017) DAK Gesundheitsbericht 2017. https://www.dak.de/dak/download/gesundheitsreport-2017-1885298.pdf. Zugegriffen am 26.01.2018

Damasio AR (2005) Der Spinoza – Effekt. Ullstein, Berlin

Dehner R, Dehner U (2007) Schluss mit diesen Spielchen. Campus, Frankfurt am Main

Edmondson A (2018) The fearless organization – creating psychological safety in the workplace for learning, innovation and growth. Wiley, New Jersey

Ehlers S (2004) Der Kreis und die Linie: Die Geografie des Denkens. Psychol Heute 2:48–53

Esch T (2013) Die Neurobiologie des Glücks. Thieme Gruppe, Stuttgart
Eysenck HJ, Wilson GD (1976) Know your own personality. Penguin, Baltimore
Förster J (2008) Kleine Einführung in das Schubladendenken. Goldmann, München
Gruen A (2003) An unrecognized pathology: the mask of humaneness. J Psychohis 30:266–272
Hall ET (1966) The hidden dimension. Doubleday, New York
Hofstede G (1980) Culture's consequences: international differences in work related values. Sage Publications, London/Beverly Hills, S 475
Holmes S (2005) Intercultural communication and dialogue process: an attempt at clarification and synthesis. IdM, International Society for Diversity Management, Heidelberg
Knoch H, Kurth W, Reiss H, Egloff G (2012) Die Kinder der Kriegskinder und die späten Folgen des NS-Terrors. Mattes, Heidelberg
Köck P, Ott H (1994) Wörterbuch für Erziehung und Unterricht: 3100 Begriffe aus den Bereichen Pädagogik, Didaktik, Psychologie, Soziologie, Sozialwesen. Auer, Donauwörth
Langs G, Wang D, Golland P, Mueller S, Pan R, Sabuncu MR, Sun W, Li K, Liu H (2015) Identifying shared brain networks in individuals by decoupling functional and anatomical variability. Cereb Cortex 26:4004. bhv189
Luft J, Ingham H (1955) The Johari window, a graphic model of interpersonal awareness. Proceedings of the western training laboratory in group development. University of California, Los Angeles
Luhmann M, Orth U, Specht J, Kandler C, Lucas RE (2014) Studying changes in life circumstances and personality: it's about time. Eur J Personal 28:256–266
Maltby J, Day L, Macaskil A (2011) Differentielle Psychologie, Persönlichkeit und Intelligenz, Kap. 16. Pearson Studium, München
Malzacher J (2007) Intercultural Coaching: Das ELAN HAND Modell für effektive Kommunikation. ELANproject, Obersulm
Malzacher J (2010) Das Kleeblatt der Kommunikation, Coaching material. ELANproject, Obersulm
Mück H (2004) Unterschiedliche Denkstile im Umgang mit der Welt (ein interkultureller Vergleich) Arbeitshilfe der Psychotherapeutischen Praxis Dr. Mück. http://www.dr-mueck.de/HM_Beziehung/Vergleich_Denkstile_interkulturelle_Kommunikation.PDF. Zugegriffen am 12.12.2017
Niezink LW et al (2017) Empathic concern: distinguishing between tenderness and sympathy. Motiv Emot 36(4):544–549
Ofman D (2009) Hallo, Ich da, Entdecke deine Kernqualitäten mit dem Kernquadrat. de boom, Antwerpen
Radin DI (2004) Electrodermal presentiments of future emotions. J Sci Explor 18:253–274
Rheinberg F (2004) Intrinsische Motivation und Flow Erleben. Universität Potsdam, Potsdam

Rosenberg MB (2015) Non-violent communication: a language of life. Puddle Dancer, Encinitas. Rosenberg 2015: Wir haben den Verlagsort gemäß Springer-Standard überarbeitet. Bitte überprüfen

Rosinski P (2003) Coaching across cultures. New tools for leveraging national, corporate and professional differences. Nicholas Brealey International, London

Satir V (2009) Your many faces: the first step to being loved. Crown, New York

Semenovskikh T, Bruk Z (2016) Studie zur Messung von Stressresistenz. http://www.ide-journal.org/article/2016-volume-3-number-3-toleranz-und-stressresistenz-in-einemmehrdimensionalen-raum-kommunikationsphanomene/. Zugegriffen am 12.12.2017

Seymour SC (2015) Cora DuBois, Anthropologist, Diplomat, Agent. Journal of American Studies. Nebraska University Press, Lincoln

Shaver P et al (1987) Emotion knowledge: further exploration of a prototype approach. J Pers Soc Psychol 52:1061–1086

Singer T (2017) Mitgefühl in der Wirtschaft: Ein bahnbrechender Forschungsbericht. Knaus Verlag, München

Specht J (2011) Stability and change of personality across the life course: the impact of age and major life events on mean-level and rank-order stability of the Big Five. J Pers Soc Psychol 101:862–882

Strässle T (2013) Gelassenheit: Über eine andere Haltung zur Welt. Hanser, München

Wertheimer M (1924/1925) Über Gestalttheorie. Symposion 1:39–60

Wilson J (1999) Biological individuality: the identity and persistence of living entities. University Press, Cambridge

Wortman J, Lucas E, Donnellan B (2012) The maturity principle stability and change in the big five personality domains: evidence from a longitudinal study of Australians Michigan State. Psychol Aging 27(2):867–874

Wurstmann C (2004) Beiträge zur Bildungsqualität. Resilienz Cornelsen – Scriptor. Beltz, Weinheim

3

Gert Simon und Mine

Gert Simon
Gert Simon ist Single, Anfang vierzig und trägt am liebsten Pullover zu schlecht sitzenden Hosen. Im Sommer bedecken einfache T-Shirts seinen schlanken, muskellosen Körper. Sein seltenes Lachen verwandelt die sonst ausdruckslose Mimik zu einer sympathischen Grimasse. Dann werden seine grauen Augen und sein schmallippiger Mund zu Schlitzen.

Er ist ein höflicher, in sich gekehrter Typ. Wegen seines traumwandlerischen Gangs, dem zumeist hängenden Kopf und dem zerwühlten Haar, wird er im Kollegenkreis der „Abwesende" genannt.

Gert Simon mag Ordnung. Sein Schreibtisch im IT-Helpdesk mutet steril an. Nicht dringende Tickets steckt er in bunte Systemordner im Laufwerk. Benutzt er Schreibzeug, verschwindet dies danach fein säuberlich in der Schublade. Seine Kopfhörer mit Mikrofon reinigt er zweimal täglich. Für ihn gilt: Erfolg hat, wer eine Aufgabe abgeschlossen hat. Wer ihn am Helpdesk ablöst, kann sich darauf verlassen, dass Tickets geschlossen sind und der Arbeitsplatz piksauber angetroffen wird. Gert kommt pünktlich und geht pünktlich. Wegen seiner schweren Migräne hat er hohe Fehlzeiten.

Gesellschaftlich ist Gert Simon wenig präsent. An Afterwork-Partys nimmt er nur teil, wenn ihn seine Teamkollegen hartnäckig dazu auffordern. Er hat zwei enge Freunde, mit denen er Angeln und Wandern geht oder Schach spielt. Auch zu Hause sitzt er gern am Computer mit Katze Lena auf dem Schoß. Wissenschaftliche Erkenntnisse über Astronomie interessieren ihn besonders.

Seit einiger Zeit hat Gert Simon Albträume.

Mine

Die lebensfrohe Unternehmerin ist Mitte vierzig, verheiratet, ohne Kinder. Ihre adrette Erscheinung mit kastanienbraunem Haar und sympathischen braunen Kulleraugen ziert ein einladendes Lächeln. Ihre untersetzte Figur kleidet sie in elegante Hosenanzüge.

Mine ist gesellschaftlich präsent und in den Klubs ihres Mannes eine gern gesehene, unterhaltsame Gesprächspartnerin. Sie genießt ihre Beliebtheit. Mit ihrem Mann verreist sie einmal im Jahr. Dieser ist im Ruhestand gelangweilt und hat angefangen, Golf zu spielen. Im Garten hilft er, wenn er Lust hat. Stil ist ihr wichtig. Ihre Freunde bewundern sie für ihre Belesenheit und ihre gewählte Sprache.

Überraschungen mag sie nicht. Zielorientiert und intensiv bereitet sie sich auf Kundentermine vor. Ihr Lebensmotto „Erfolg krönt das Leben in Unabhängigkeit und Selbstständigkeit" teilt sie gerne mit. Geschäftliche und private Win-Win-Situationen herbeizuführen, gehören zu ihrem Verständnis von Erfolg. Ungehobeltes Verhalten empört sie. Schnell steckt sie Menschen in eine Schublade. Durch einen subtilen und charmanten Umgang mit unfeiner männlicher Dominanz verteidigt sie ihren Standpunkt. Manchmal schmunzelt sie innerlich über ihren Triumph, wenn sie ihr Verhandlungsziel erreicht hat.

Seit 30 Jahren stellt das Familienunternehmen Präzisionsteile für die Medizintechnik her. Mines Hobby ist ihre Firma. Gewissenhaft und pflichtbewusst treibt sie technische Innovationen voran. Durch ihre unaufdringliche Beziehungspflege gelingt es ihr, sich neue Projekte bei langjährigen Kunden zu sichern. Als Unternehmerkind hat sie schon früh gelernt, dass Existenzängste und Festhalten an alten Produkten dem Business schaden können.

Mine ist zufrieden mit sich und der Welt. Sie ist gesund. Alles läuft glatt. Ihr Leben ist unspektakulär.

Plötzlich befindet sie sich inmitten einer Krise.

3.1 Gert Simon fällt aus allen Wolken

Mitarbeitergespräch
Gert Simon steht am Abgrund. Sein Herz pocht wild. Schweiß perlt auf seiner Stirn. Er beugt sich nach vorne. Da schrillt sein Wecker. Er erschrickt über seinen lauten Seufzer und verschränkt die Arme über der Brust. Schon der dritte Albtraum in dieser Woche.

Heute ist das Abteilungsmeeting mit dem Chef. Gert Simon ahnt schlimme Veränderung. Nein, sein Lieblingsprojekt wird er keinesfalls aufgeben. Er wird sich wehren. Überhaupt kann er keinen Grund für eine Umstrukturierung erkennen.

Wegen des besonderen Anlasses wählt er einen dunkelblauen Pullover und eine neue dunkle Jeanshose. Beim Müsli-Frühstück sucht er nach passenden Argumenten. Auch beim Zähneputzen fällt ihm nichts ein. Einen kurzen Moment betrachtet er sich unsicher im Spiegel.

Auf der Fahrt ins Büro hat er immer noch keine stichhaltigen Gründe für seinen Standpunkt. Mit starrer Miene schreitet er durch den Haupteingang seiner Firma. Sein Gedankenkarussell endet erst, als ihm ein Kollege eine Frage stellt.

„Gert, ganz was Neues! Jetzt gibt es unter dem Jahr Mitarbeitergespräche, der Neue zeigt gleich Flagge, was?"

„Weiß nicht", sagt Gert Simon teilnahmslos. Sein Lieblingsprojekt ist in Gefahr, das spürt er.

Umstrukturierung
Im Besprechungszimmer sitzen sein Chef und noch jemand. Herr Pflugfelder stellt sich vor als der neue Chef. In langem Monolog erklärt er die zukünftige Struktur. Gelangweilt wartet Gert Simon auf den Teil, der seine Abteilung betrifft.

„Herr Simon, nun zu Ihrer Abteilung." Gert Simon spitzt die Ohren und rutscht fester in seinen Stuhl. Zum ersten Mal will er sein Terrain verteidigen.

„Wir haben beschlossen, die Inhalte und Aufgaben dieser Abteilung auf zwei andere zu verteilen. Somit ist Ihre Abteilung obsolet. Leider gibt es Ihre Position dann nicht mehr. Aus diesem Grunde müssen wir uns von Ihnen trennen. Ich denke, Sie verstehen das."

Gert Simon schwindelt. Sein Atem stockt. Ungläubig schaut er auf seinen direkten Chef. Dieser schaut regungslos zurück.

„Wie bitte? Was meinen Sie?", stammelt Gert Simon. Für Sekunden glaubt er sich in einem weiteren Albtraum.

Herr Pflugfelder reicht ihm das Kündigungsschreiben.

„Wir gehen für ein paar Minuten aus dem Raum. Würden Sie dieses Schreiben bitte durchlesen und unterschreiben?"

Sein Chef steht auf.

„Es tut mir leid."

Gert Simon fühlt sich wie vom Blitz getroffen. Er schaut im Zimmer umher, steht auf, setzt sich und steht wieder auf. Dies passiert jetzt nicht wirklich! Das Kündigungsschreiben lässt er auf dem Tisch liegen und öffnet die Tür. Da kommt ihm sein Chef entgegen.

„Haben Sie Fragen?"

„Warum?", fragt Gert Simon mit zitternder Stimme. „Warum kündigen Sie mir?"

Beide bleiben im Türrahmen stehen.

„Sie haben neulich einen gravierenden Fehler gemacht, als sie das Ticket offenließen und den Projektstatus als abgeschlossen meldeten. Das hat uns vor dem Kunden blamiert."

„Davon weiß ich nichts!" Geschockt kann Gert Simon jetzt nicht denken und nichts erinnern. „Genau das ist es. Sie wissen von nichts. Sie sollten aber alles im Griff haben." Sein Chef wirkt gereizt. „Sie haben auch hohe Fehlzeiten, das müsste Ihnen klar sein. Sie müssen dies jetzt unterschreiben und bestätigen, dass wir dieses Gespräch hatten."

Gert Simon hält sich am Türgriff fest. Alles dreht sich. Er kann nicht atmen.

Taumel

Als Gert Simon die Augen öffnet, weiß er nicht, wo er ist. Eine freundliche Stimme fragt: „Geht es wieder?" Die Abteilungssekretärin steht mit einem Glas Wasser über ihm. „Möchten Sie sich aufrichten?"

Gert Simon schließt schnell die Augen und öffnet sie langsam wieder. Noch einmal. Er hat nicht geträumt.

„Ihr Chef musste zum nächsten Gespräch, ich soll bei Ihnen bleiben, bis es Ihnen besser geht. Geht es Ihnen besser?"

Er schaut umher und merkt, dass er auf der Couch des Chefzimmers liegt, die Beine auf hochgeschichteten Kissen. Schnell richtet er sich auf, stellt die Beine auf den Boden und bleibt mit hängendem Kopf sitzen.

„Danke. Ja – ich muss jetzt gehen."

„Sie hatten einen Kollaps. Ihr Chef sagte, Sie sollen zum Betriebsarzt gehen." Sie reicht ihm ein Kuvert. „Dies hier sollen Sie Ihrem Chef unterschrieben zurückgeben."

Schweigend nimmt Gert Simon das Kuvert. Wie betäubt verlässt er das Chefzimmer.

Freunde

„Arbeitsende in vier Wochen, eine großzügige Abfindung und ein Zeugnis."

Gert Simon zeigt seinen Freunden den Inhalt des Kuverts. Sie sitzen auf der Couch in seiner Wohnung. Die beiden schauen betreten vor sich hin und schweigen. Einer seufzt und fasst Mut.

„Super Abfindung, Gert! Mach dir nichts draus. Keine Firma ist es wert, sich deshalb so hängen zu lassen!"

„Was machst du jetzt mit dem Geld? Du solltest erst mal Urlaub machen. Gönn' dir was!", sagt der andere.

Gert Simon schaut auf, lässt die Katze Lena vom Schoß und schüttelt energisch den Kopf.

„Was? Urlaub? Was soll ich im Urlaub?"

„Du brauchst Abstand, eine Auszeit, im Juni kann man gut Urlaub machen", sagt der eine.

„Denk an deine Albträume!", sagt der andere.

„Wie könnt ihr wissen, was ich brauche!", protestiert Gert. „Ich hatte mein Projekt, und sie haben es mir weggenommen! Das ist total unfair!"

„Gert, sie haben dir gekündigt! Was willst du noch mit dem Projekt!"

Gert springt auf. Seine Augen sprühen vor Wut.

„Das Projekt ist mein Baby. Ich habe es beinahe zum Roll-out gebracht. Jetzt wird alles wegen Unwirtschaftlichkeit gestoppt. Das gibt es doch nicht. Der neue Chef ist schuld!"

Er setzt sich und liest den Brief ein weiteres Mal.

„Ich kann das einfach nicht glauben. Ich habe gelernt, nicht aufzufallen. Ich war ordentlich und verlässlich, habe ruhig gearbeitet. Wir hatten hier und da Fehler, das passiert halt. Keiner hat mich je gerügt. Ich war zufrieden. Mein Chef war kaum da. Wenn ich wegen meiner Migräne fehlte, hat er nie etwas gesagt. Jetzt werfen sie mir Fehlzeiten vor."

„So ist das Leben, Gert."

„Was sagst du da?" Mit aufgerissenen Augen setzt er sich wieder. Katze Lena hüpft auf seinen Schoß. „Wie würde es dir gehen, wenn dir so etwas passierte?"

„Jetzt beruhige dich, das wird schon wieder, Gert", sagt der eine.

„Komm wir spielen Schach? Dann kommst du auf andere Gedanken", schlägt der andere vor.

„Am besten ihr geht jetzt", Gert Simon schubst die Katze Lena unsanft vom Schoß, packt die Schriftstücke hastig in das Kuvert und steht wütend auf.

Die beiden Freunde schauen sich hilflos an. Dann folgen sie ihm in die Küche. Als er das Katzenfutter aus dem Schrank holt, fällt sein Blick auf die Kirschwasserflasche. „Jetzt brauche ich einen Schnaps", sagt er kaum hörbar bevor er das erste Glas hinunterkippt. „Wollt ihr auch einen?" Beim zweiten Glas stoßen die drei auf seine bessere Zukunft an. Zwei Stunden später torkeln die drei Freunde zur Wohnungstür.

„Das wird schon", nuschelt der eine. „Alles braucht seine Zeit", lallt der andere. „Hm, ja, ja." Gert Simon zieht die Wohnungstür zu und schwankt in die Küche. Da springt Katze Lena auf das Fensterbrett. Er fährt ihr genüsslich durch das Fell. Plötzlich blickt er auf, zieht die Schublade neben sich auf und holt sein größtes Küchenmesser heraus. „Dem zeige ich es!", murmelt er vor sich hin als er, das Messer kampfeslustig erhoben, in sein Arbeitszimmer torkelt. „Morgen kann er etwas erleben!" Das Küchenmesser verschwindet in seiner abgegriffenen ledernen Umhängetasche.

Ärger
Kraftlos setzt sich Gert Simon auf seine Bank im Schlosspark. Seine Umhängetasche legt er neben sich. Das regenfrische Sommerlaub über ihm wiegt im Wind. Von den Hunden, die ihn beschnuppern, nimmt er keine Notiz. Die kreischenden Kinder auf Laufrädern, denen kinderwagenschiebende Mütter folgen, bemerkt er nicht. Gedankenverloren schaut er vor sich hin. Seine Freunde meidet er. Neue Bekannte aus der jetzt eine Woche zurückliegenden Kur bringen ihm keine Verbesserung seiner traurigen Stimmung.

> Ich kann die Kündigung nicht akzeptieren. Keine Antwort auf meine E-Mail-Fragen! Das ist ganz und gar nicht okay. Mein Chef interessierte sich nie wirklich. Er interessierte sich auch nicht für mich. Dann, wie aus dem Nichts, wirft er mir hohe Fehlzeiten vor. Meine Migräne hat ihn nie interessiert. Hast du ihm von deiner Migräne erzählt? Nein, ich wollte ja nicht auffallen. Das musste geheim bleiben. Mutter war dies sehr wichtig. Erfolg ist, wenn man nicht auffällt, hat sie mir beigebracht. Sei gehorsam und arbeite pünktlich. Habe ich das nicht alles befolgt? Was habe ich nur falsch gemacht?

Wieder beginnt es zu regnen. Ein feiner Sommerregen prasselt auf die Blätter über ihm. Er bleibt sitzen und streckt sein Gesicht in den Regen, bis sein blaugrünes Lieblingsshirt schwer vor Nässe ist. Ein leises angenehmes Brummeln aus der Tiefe seiner Brust. Er genießt das plötzlich sanfte Gefühl des Friedens. Da erinnert er sich an seine Umhängetasche. Schnell legt er seine Hand beschützend auf die geschlossene Klappe. Als er langsam durch den feinen Sommerregen nach Hause geht, denkt er über seine Rachegelüste nach.

Panik
Korrekt beantwortet Gert Simon die Fragen seines Betreuers bei der Agentur für Arbeit. Versteckt hinter einem großen Bildschirm ist dieser kaum sichtbar. Streng muten die emotionslosen Fragen an. Gert Simons Antworten kommen

prompt und eintönig. Als er seine Papiere aus der Umhängetasche holt, erschrickt er beim Anblick des Küchenmessers. Schnell legt er die Tasche auf den Stuhl neben sich zurück.

Die Prozedur ist peinlich, geradezu Angst einflößend. Wie ein Verhör, denkt er beschämt. Das kann man niemandem erzählen! Er verlässt das Sprechzimmer mit einem seltsamen Unwohlsein. Nachdenklich schleppt er sich den Flur entlang in Richtung Aufzug, seine Tasche fest unter den Arm geklemmt. Immer lauter wird das Stimmengewirr. Gert Simon überkommt ein beklemmendes Gefühl. Viele Leute stehen um das Treppenhausgeländer im 5. Stock des Gebäudes. Der Aufzug ist geblockt. Das Treppenhaus ebenso. Die Menschen flüstern. Manche schauen nach unten. Zaghaft bahnt sich Gert Simon den Weg ans Geländer. Er sieht noch, wie Sanitäter einen dunkelgrauen Leichensack wegtragen.

Ihm wird schlecht, er taumelt zurück. Mit dem Rücken an der Wand starrt er vor sich hin. Wird er so enden? Angst steigt über den Magen zur Brust und hinauf in den Kopf. Sein Atem stockt. Er schließt die Augen. Schwindelnd sucht er mit seinen Händen Halt an der Wand.

„Kann ich Ihnen helfen?", fragt ein freundlicher Mann mit Akzent, während er Gert Simon vorsichtig am Arm berührt. Dieser öffnet die Augen und atmet tief ein. „Danke. Nein danke." Die Tasche presst er mit beiden Armen fest an seine Brust.

„Ist Ihnen schlecht? Möchten Sie sich setzen? Kommen Sie."

Gert Simon folgt dem freundlichen Herrn. Beide setzen sich auf die Stühle beim Fenster.

Hätte Gert Simon mehr UMSICHT geholfen?
Wer könnte ihm zu EINSICHT verhelfen?
Wie könnte WEITSICHT zu Gert Simons Leben wertvoll beitragen?

3.1.1 Hätte Gert Simon mehr UMSICHT geholfen?

Gert Simon ist ein stark autoritätstoleranter und hierarchietreuer, aber auch feinfühliger Mensch. Er ist befangen durch ein Rangverständnis, durch das er widerspruchslos anderen Macht über sich gibt. Sein Hang zu blindem Gehorsam, der von seinem mütterlichen Vorbild stammt, wird ihm zum Verhängnis. Sterile Sauberkeit, übertriebene Ordnung und peinliche Pünktlichkeit am Arbeitsplatz sind ihm wichtiger als Beziehungen zu Menschen. Die Überfokussierung auf seine Arbeitsaufgabe und die starke Unsicherheitsvermeidung bezüglich seiner Arbeit verbauen ihm den Überblick über das Geschehen. Umsicht bedeutet Betrachtung mit Einbeziehung von Fakten durch Überlegung. Sie benötigt Achtsamkeit. Durch Umsicht können wir Wichtigkeit und Dringlichkeit innerhalb eines spezifischen Kontextes beurteilen. Gert Simon hätte durch sein Interesse an der Firma und die Identifikation mit dieser zusammen mit seiner Mitarbeiterverantwortung die Zusammenhänge des Gesamtgeschehens aktiv mitgestalten und Einfluss nehmen können. Er hätte den Kontakt zum Vorgesetzten suchen können; ein Dialog wäre entstanden. Der oft abwesende Chef wäre an seine Führungsverantwortung erinnert worden. Gert Simon hätte ein Feedback zu seinem Auftreten und der Qualität seiner Arbeit erhalten; er hätte die Chance gehabt, zu reflektieren. Umsicht zeigt sich als „180°-Blick" im Interesse an Einfluss nehmenden Zusammenhängen und in Klarheit über sie. Sie zeigt sich im sogenannten präsenten Auftreten mit Offenheit für das Geschehen und die Mitmenschen. Der Besuch von After-Work-Partys hätte ihm eventuell hilfreiche Informationen geliefert über Kollegen und Zustände in der Organisation.

Gert Simon hat scheinbar eine schwere Migräne. Es ist nicht klar, wie stark ihn diese belastet. Immerhin hat er hohe Fehlzeiten. Sein Hang, diese gesundheitliche Einschränkung zu verheimlichen, trägt bedeutend zu wenig Umsicht und mehr Kurzsichtigkeit bei. Hätte er deshalb mit seinem Vorgesetzten offen gesprochen, wäre dieser gezwungen gewesen, seinerseits mehr Umsicht walten zu lassen. Sein Chef hätte womöglich mehr Interesse an ihm gezeigt.

Gegenseitiges Verständnis hätte daraus entstehen können. Es scheint, als sähe sich Gert Simon als Ausführungsinstrument einer Aufgabe, statt als Mitarbeiter, der neben dem Produkt der Firma das wertvollste Gut für eine Organisation ist. Hätte er sich aktiv mit seiner ICH-KULTUR® beschäftigt, wären ihm eine derart überraschende Enttäuschung und sein Ärger darüber eventuell erspart geblieben.

Gert Simons ICH-KULTUR® könnte man wie folgt beschreiben
Bisher bekannte Schicksalseinflüsse: strenge Mutter, chronische Migräne, überraschende Kündigung.

Temperament und BIG FIVE: phlegmatisch mit leptosomer Gestalt, gewissenhaft und stetig, introvertiert, feinfühlig, analytisch.

Multiple Intelligenzen: logisch-mathematisch stark ausgeprägt. Sonstige Potenziale sind zunächst nicht erkennbar.

Kulturvariablen: starke Autoritätsorientierung, starke Hierarchietreue, punktorientierter Denkstil, starke Aufgabenorientierung, ausweichender Konfliktstil, bewahrendes Entscheidungsverhalten, starke Gegenwartsorientierung, *Glaubenssatz:* Mach alles richtig, nur nicht auffallen.

Sinnerfüllung: abarbeiten, unklare Werteorientierung, kein Lebensmotto, wenig Reflexion.

3.1.2 Wer könnte Gert Simon zur EINSICHT verhelfen?

Eine ICH-KULTUR®-Analyse auf der Basis eines Fremdbildes kann für die Mitarbeiterführung hilfreich sein. Sie beleuchtet die Komplexität menschlichen Agierens vonseiten mehrerer Einflüsse, die zu einem bestimmtem Verhalten führen können. Nur die bewusste ICH-KULTUR®-Entwicklung eines Individuums entscheidet maßgeblich seine Selbstsicherheit und seinen Selbstwert. Sie kann darüber hinaus zu einem günstigen Umgang mit negativen Emotionen führen.

Durch Selbstreflexion als Aspekt der Persönlichkeitsentwicklung hätte Gert Simon den Eindruck eines laschen, energielosen Opfers vermeiden können. Hätte er eine sichtbar fürsorgliche und professionelle Führungskraft gehabt, wäre diese mit ihm ins Gespräch gegangen, hätte Fehler nicht einfach toleriert und seine Fehlzeiten angesprochen. Beide hätten sich gegenseitig Klarheit über die jeweiligen Bedürfnisse und Notwendigkeiten verschaffen können. Möglicherweise fühlte sich Gert Simon zum ersten Mal in seinem Leben durch den Schicksalsschlag dieser Kündigung herausgefordert. Zuvor dümpelte sein Leben dahin, ohne dass er selbst unzufrieden war. Er hatte sich strikt an die Empfehlungen seiner Mutter gehalten. In einem gegebenen System haben immer alle Teile Einfluss: In einem Freundeskreis sind es alle Freunde, in einem Kollegenkreis sind es immer alle Player. Dabei ist es egal, wie aktiv oder passiv sich die einzelnen Menschen verhalten. Kybernetisch betrachtet lässt sich ein System steuern. Wer die Führung übernimmt, bestimmen die durch das System festgelegten Rollen. In Eigenführung bestimmen wir selbst über uns und unsere Rolle. In einem beruflichen System weisen uns verantwortungsvolle, achtsame Kollegen und Vorgesetzten auf Auffälligkeiten von Kollegen hin. Wir selbst sind ebenfalls in dieser Verantwortung. Eine persönliche hohe Autoritätsorientierung und Hierarchiebewusstsein können trotz gewollt wenig Hierarchie von Unternehmensseite zu Unachtsamkeit oder zu wenig Kommunikation gegenüber Mitarbeitern führen. Regelmäßiges, gut erlerntes Feedback im Kollegenkreis ist daher ein probates Mittel für die Förderung von liebevoller Aufmerksamkeit. Achtsame Freunde und Familienangehörige erweisen sich als Förderer von Einsicht als ein wahres Geschenk. Wer ihr mit wohlmeinender Kommunikation gegebenes Feedback annehmen kann, darf sich glücklich schätzen. Zugeneigte Güte, statt Wettbewerb oder kalte Gelassenheit zeigt sich so gegenüber einem selbst sowie Freunden, Kollegen und Vorgesetzten.

3.1.3 Wie könnte WEITSICHT zu Gert Simons Leben wertvoll beitragen?

Einsicht fördert Weitsicht, indem sie uns unsere vielfältigen Rollen in unterschiedlichen Kontexten gewahr macht. Als Mitarbeiter sind wir womöglich auch gleichzeitig Freund für unseren Kollegen, oder wir sind sogar Vorgesetzte. Jede zusätzliche Rolle macht unser Sein komplexer und erfordert einen bewussten Umgang mit ihnen. Weitsicht ist kluges, achtsames und konzentriertes Nach-vorne-Schauen, die Betrachtung möglicher Konsequenzen unseres Handelns und die Entwicklung einer Vision. Konsequenzen abwägen bedeutet, flexible Handlungen zu antizipieren, statt kurzsichtig eigene Erfolge forcieren zu wollen. Weitsicht erfordert Empathie, das Sich-hineinversetzen in Mitmenschen. Gleichzeitig erfordert das sogenannte „gesunde Führen" von Führungskräften besondere Aufmerksamkeit, die sich in Einsicht und Weitsicht zeigt. Mitarbeiter und Kollegen sollten über die positiven Auswirkungen von gelungener Weitsicht informiert sein, Vorgesetzte sollten diese durch Teammeetings über solche Themen nachhaltig fördern. Erfahrungsgemäß beschäftigen sich Teammeetings eher mit branchenspezifischen Fachthemen. Umsicht, Einsicht und Weitsicht könnte Fachthema, jedoch auch Thema eines Teammeetings sein. Ein weitsichtiger Chef hätte Gert Simon zu mehr Einsicht und Umsicht verholfen, indem er seinen Mitarbeiter zum Nachdenken aufgefordert hätte. Gert Simon hätte sich der Herausforderung stellen müssen und sich so weiterentwickeln können. Stattdessen wollte er in Ruhe gelassen werden und war froh, dass der Chef nicht aufmerksam war.

Wollen wir weitsichtige Mitarbeiter oder fürchten wir uns vor unbequemen Fragen und schwierigen Situationen? Gert Simon und sein Vorgesetzter waren blind gefangen in einem maroden Kommunikationssystem. Unangenehme Fragen gab es nicht, ebenso keine schwierigen Situationen. Der neue Chef stoppte dieses System. Gert Simon kann sich nur ungerecht behandelt fühlen, weil er keinen Durchblick, d. h. Einsicht hat. Es kam ihm nicht in den Sinn, das laufende System zu hinterfragen. Sein von außen forciertes Aussteigen aus diesem Hamsterrad zwingt ihn, andere Perspektiven einzunehmen und intensiver nachzudenken. Er muss nun Verantwortung übernehmen für die Gestaltung seines weiteren Lebens. In jedem Fall wird dieses anders werden. Eine neue Richtung erfordert informierte Entscheidungen. Mit Sicherheit wird er einen möglichen neuen Vorgesetzten nicht so nachlässig aus den Augen lassen wie bisher. Durch erhöhte Weitsicht wird er seine törichte Unbekümmertheit und blinde Autoritätstreue umwandeln in ein eigenverantwortliches Abwägen geplanter Handlungen. Weil Weitsicht Einsicht voraussetzt und Umsicht mit sich bringt, ist Gert Simon eine weitere Gewinnmöglichkeit gegeben. Er könnte sich nun mit seiner Person befassen, indem er sich selbst als wertvolles Geschöpf sieht. Die Arbeit an den Variablen der ICH-KULTUR® könnten ihm ungeahnte Entwicklungschancen für ein maximal lebendiges Leben eröffnen. Zunächst könnte er sich mit seinen Glaubenssätzen befassen. Als introvertierter Mensch wird er nicht lernen wollen aufzufallen. Er könnte jedoch lernen, sein Verantwortungsgefühl zu hinterfragen. Dies würde ihm helfen, in bestimmten Situationen sowohl Ideen als auch Erwartungen wahrnehmbar zu kommunizieren. Mit einer übertriebenen Ausprägung von „Mach es allen recht" gehen wir in eine Falle. Gemäß dem Enneagramm-Typ des „unterentwickelten Helfers" suchen wir vermeintlich äußere Anerkennung für unsere Leistungen, statt diese aus einer intrinsischen Motivation zu generieren. Wir riskieren Enttäuschungen, wenn eine erwartete Anerkennung ausbleibt. Für ein glückliches Leben aller Menschen um uns herum sind wir nicht verantwortlich. Stattdessen haben wir Verantwortung für die gute Ausführung unserer angenommenen Aufgaben und werden so zur Zufriedenheit unserer Mitmenschen beitragen. Idealerweise überprüfen wir unser jeweiliges System (Organisation, Freunde, Familie etc.) immer wieder auf Optimierungsmöglichkeiten. Im Zuge der Klärung seiner Verantwortung müsste sich Gert

Simon mit seinen eigenen Werten und seinem Lebensmotto befassen. Wie sähe ein sinnerfülltes Leben für ihn aus? Gert Simon würde sich auf eine Entdeckungsreise in sein Selbst begeben. Selbstakzeptanz und Selbstwert würden dadurch gefördert. Seine starke Gegenwartsorientierung, die ihm die Weitsicht versperrt, könnte er ablegen, indem er konsistent übt, mögliche Auswirkungen seines Handelns auf die Zukunft abzuwägen. Kreativität und Flexibilität könnte er trainieren, wenn er seinen punktorientierten Denkstil durch das Ausprobieren eines vernetzten, kontextorientierten Denkstils herausforderte. Ein neues Hobby in Verbindung mit Menschen könnte ihn hierbei unterstützen und gleichzeitig seine interpersonelle Intelligenz fördern. Seine starke Aufgabenorientierung, die menschliche Beziehungen eher vernachlässigt, könnte ebenfalls durch ein neues Hobby in Verbindung mit Menschen ausgeglichen werden. Der Hang zu einem bewahrenden Entscheidungsverhalten, das eine gewisse Veränderungsresistenz mit sich bringt, würde hierdurch ebenfalls herausgefordert. Mehr Offenheit und Interesse an Unbekanntem könnte eine Bereicherung sein. Durch eine so gesteigerte Lebendigkeit würde er seinen Selbstwert erhöhen. In der Folge könnte er sich von seinem ausweichenden Konfliktstil lösen und einen anderen ausprobieren. Ob er sich weiterentwickeln möchte, kann nur er selbst entscheiden. Beim Entwickeln seiner ICH-PITCH würde er viele Fragen beantworten müssen, die ihm Aufschluss über sich selbst geben.

3.2 Mine sucht sich Hilfe

Verzweiflung
Tränen fließen über Mines Gesicht. Mit Anfang vierzig sitzt sie verängstigt wie ein kleines Mädchen im Coaching-Sessel. Ihre Hände klemmen zwischen den zusammengepressten Knien. Sie starrt vor sich hin auf den Teppich mit dem feinen Muster. Stille. Der Coach sitzt ihr schräg gegenüber und wartet geduldig. Mine schämt sich über ihren Zustand. Gleichzeitig ist sie froh, dass sie endlich über ihre Gefühle reden kann. Sie seufzt hörbar. „Meine Mitarbeiter machen immer mehr Fehler, sie reden nicht mit mir, ich habe kein Vertrauen mehr in sie." Zaghaft schaut sie hinüber zum Coach. „Was soll ich nun machen? Ich brauche ein anderes Leben. Mein Mann geht mir seit seinem Ruhestand schrecklich auf die Nerven. Wir haben ständig Streit. Er mag mich nicht mehr. Soll ich ihn verlassen?"
„Möchten Sie das denn?", fragt der Coach.
„Nein, eigentlich nicht. Vielleicht hat er auch eine andere und ist deshalb so unausstehlich?" Mine erschrickt über ihre eigenen Worte. Ihr Herz pocht.

Sie lehnt sich im Sessel zurück und streicht nervös ihr dunkelbraunes Leinenkleid über ihren Knien glatt.

„Alles stresst mich. Ich bin so verzweifelt."

„Kommen Sie, ich zeige Ihnen etwas", sagt der Coach.

„Möchten Sie mit mir in den Garten gehen?" Mit einer freundlichen Handbewegung bedeutet er Mine aufzustehen.

„Kommen Sie."

Mines erstaunte Kulleraugen schauen ihn fragend an. Ungläubig zögernd erhebt sie sich.

Er öffnet die Terrassentür und bleibt stehen. Genüsslich atmet er ein.

„Hmm, Sommerluft!" Dann wendet er sich Mine zu.

„Schließen Sie die Augen, atmen Sie langsam ein und noch langsamer aus. Hören Sie dabei nur auf die Vögel. Lassen Sie sich Zeit, bis Sie genug haben."

Artig schließt Mine die Augen und seufzt. Mit hängenden Armen atmet sie tief und hebt das Gesicht nach oben. Jetzt lächelt sie. Zaghaft lässt sie sich ein und lauscht den Vögeln.

„Mögen Sie das Vogelkonzert?"

„So bewusst habe ich schon lange keine Vögel mehr gehört." Mine blinzelt und öffnet die Augen.

„Wie geht es Ihnen jetzt?"

„Das war schön. Danke."

„Möchten Sie sich hier auf die Bank setzen oder wieder ins Büro zurück."

Mine setzt sich auf die Bank, schließt noch einmal die Augen und lächelt zufrieden. Jetzt mag sie über ihre Lebenskrise sprechen.

Ein seltsamer Friede umgibt Mine als die Tür des Coachingbüros ins Schloss fällt. Sie geht wie auf Wolken. Von Erleichterung beseelt steigt sie in ihr Auto. Dort schließt sie nochmals die Augen und spürt einen zarten Hauch von Zuversicht. Wie gut tat die ruhige, angenehme Atmosphäre in der eben zu Ende gegangenen Sitzung. Lange hat sie sich nicht mehr so gut aufgehoben gefühlt wie dort. Noch ein Seufzer. Sie legt den Gang ein. Ihr Herz klopft spürbar als sie ihren Sportwagen aus der Parklücke steuert. Morgen wird sie alles regeln, denkt sie und fährt los.

Unlust

Ein dunkles Widerstreben überkommt sie beim Betreten ihres Büros. Ärgerlich denkt sie an die vielen Fehler und die Langsamkeit ihrer Mitarbeiter. Sie vergräbt ihren Missmut während sie E-Mails beantwortet. Als sie einen Mitarbeiter im Türrahmen stehen sieht, sagt sie unwirsch: „Ich habe jetzt keine Zeit!" Erschrocken über ihren unfreundlichen Ton fügt sie schnell hinzu: „Morgen kümmere ich mich um Ihr Anliegen." Als der Mitarbeiter schweigend das Zimmer verlässt, rollt sie mit den Augen und legt ihren Kopf auf den Schreibtisch. Vermutlich hat sie die falschen Mitarbeiter. Wem würde sie kündigen? Sie mag schnelle Lösungen. Ihre schlechte Laune steigt, als sie die Nummer ihres Mannes auf dem Handydisplay sieht. Am Morgen hatte sie wieder einmal mit ihm gestritten. Sie findet, dass er böse ist zu ihr.

Ihre Unzufriedenheit steigt mit jedem Tag. Die Probleme in der Firma vermiesen ihr die Arbeit. Der Sorgenberg scheint unüberwindbar. Was soll sie jetzt nur machen? Nach Hause fahren ist keine Option. Was würden die Mitarbeiter denken? Ihrem Mann möchte sie nicht begegnen. Sie wählt die Nummer ihres Coachs.

„Was brauchen Sie im Moment?", fragt der Coach.

„Ruhe!"

„Wie könnte diese Ruhe aussehen?"

Fünf Minuten später geht Mine mit festem Schritt aus dem Gebäude. Zielgerichtet überquert sie die Straße, ein Sitzkissen unter dem Arm. Eilig zieht sie ihre Schuhe aus und geht barfuß den kleinen Hang zum Fluss hinunter. Bald umspielen kleine Wellen ihre nackten Füße. Sie atmet langsam ein und langsam aus, bis sich ihr pochendes Herz beruhigt hat. Ein Seufzer, ein zweiter. Noch eine Weile verharrt sie. Die Sonne tut ihr gut. Ihr verkrampfter Torso entspannt. Ihre Mundwinkel ziehen sich nach oben. „Das tut gut", sagt sie vor sich hin. Mit einem Mal fühlt sie die Beklemmung wieder, dieses diffuse Angstgefühl. Die Firma und die vielen Fehler der Mitarbeiter. Der nervige Mann und ihre Wut über ihn. Seine Alleingänge. Eine Affäre? Ihr Herz beginnt zu rasen. Sie möchte flüchten. Rasch packt sie ihre Schuhe und das Kissen und eilt so schnell es geht zurück ins Büro. Dort verbringt sie den Tag mit schlechter Laune und unproduktiver Arbeit.

Trostlos

Der Klub-Event ihres Mannes könnte sie besser stimmen. Immerhin wird sie ein paar Bekannte treffen, denkt sie während sie in den Spiegel ihrer Ankleide schaut und ihre Perlenkette umlegt. Gedankenverloren betrachtet sie ihr Gesicht. Neue Falten. Ihr Haaransatz müsste wieder gefärbt werden. Ihre Mundwinkel hängen.

Verächtlich sagt sie zu ihrem Spiegelbild: „Trostlose Kreatur!"

Da stürmt ihr Mann ins Zimmer.

„Wann bist du endlich fertig? Wir sollten schon vor einer halben Stunde losgefahren sein!"

„Ich habe keine Lust. Ich bleibe da. Der Salat für das Büffet steht auf dem Küchentisch, das Gastgeschenk auch. Viel Spaß." Trotzig zieht sie die Kette wieder aus und wirft sie in die Schale auf ihrem Schminktisch.

„Was ist bloß los mit dir?"

„Lass mich in Ruhe!", sagt sie kalt.

„Stell dich nicht so an. Du kannst auch mal was für mich tun."

Mine schnaubt zurück: „Wann tust du etwas für mich?"

Missmutig fährt ihr Mann ohne sie weg. Mine sitzt im Bett und schluchzt vor hilfloser Verzweiflung. Morgen macht sie einen Termin beim Coach.

Hilfe

„Ich weiß nicht, wie es weitergehen soll." Das feine Teppichmuster verschwimmt durch ihre Tränen. „Ich habe keine Kraft mehr."

„Was würden Sie tun, wenn Sie Kraft hätten? So weitermachen wie bisher?" Der Coach beugt sich vor und lächelt verständnisvoll.

„Ich weiß es nicht. Ich weiß nichts mehr. Alles wird schlimmer. Ihre Entspannungsübungen helfen mir nicht. Nicht einmal dazu habe ich noch Lust oder Kraft."

„Was hat ihr Arzt gesagt – Puls, Blutdruck, Schilddrüse?"

„Ich hatte keine Zeit, war nicht dort."

Der Coach atmet hörbar aus und stellt sich vor sie hin. „Möchten Sie, dass wir zusammenarbeiten?"

„Ja, sicher, es tut mir sehr gut. Hier ist es angenehm. Ich habe ein gutes Gefühl."

„Das freut mich. Zusammenarbeit bedeutet jedoch, dass jeder seinen Teil verlässlich dazu beiträgt. Stimmen Sie mir hier zu?"

Mine starrt vor sich hin und nickt schweigend. Sie vereinbaren eine nächste Sitzung, nachdem Mine beim Arzt gewesen sein wird.

Bestandsaufnahme

Mine schaut den Coach wütend an. Ihre weinerliche Stimme mag sie nicht.

„Alles in Ordnung, sagt der Arzt. Ich soll Urlaub machen. Ich habe keine Zeit für Urlaub. Ich will keinen Urlaub und schon gar nicht mit meinem Mann!"

„Was genau möchten Sie?"

„Ich weiß es nicht, helfen Sie mir!"

Nach einer Stunde schauen beide auf ein buntes Tafelbild mit der Überschrift *Mines Bestandsaufnahme*.

„Mein Problem ist mein Leben, so wie ich es mir eingerichtet habe. So kann es nicht weitergehen. Ich schäme mich. Am liebsten möchte ich mich wegbeamen."

> Menschen können sich manchmal vor lauter Angst nicht bewegen. Weil sie nicht wissen, wie sie ihre Angst bezwingen könnten, gehen sie in die Falle. Sie lassen ihrem Ärger freien Lauf. Gleichzeitig arbeiten sie mit denselben Techniken, die zu den jeweiligen Problemen führten, an deren Lösung. Bald beginnen sie, sich im Kreis zu drehen. So kann sich nichts ändern. Man kann diesen Kreis stoppen und seine Vorstellungskraft einsetzen. Frei nach Einstein sollten wir für die Lösung von Problemen andere, neue Techniken einsetzen. Im nächsten Schritt werden wir eine *Visionslandkarte* zeichnen. Wollen wir uns in zwei Wochen wieder treffen?

Vision

Mine schaut auf die vielen bunten Felder auf ihrer Visionslandkarte. Kurz hält sie inne bei den dicken Fragezeichen auf drei Feldern. Vernehmlich pustet sie Luft durch die gespitzten Lippen. Ein glückliches Lächeln. Ihre Schultern rollen stolz nach hinten.

Neugierig schaut sie zum Coach. „Geschafft! Was sagen Sie dazu?"

„Ich freue mich für Sie und diese Enthüllungen. Wir haben Transparenz und Klarheit geschaffen."

„Oh ja, ich bin erstaunt über diese Sachlage."

„Dass wir so intensiv arbeiten konnten, verdanken Sie dem sinnvollen Einsatz ihrer Ärger-Energie. Man kann negative Energie umlenken. Wo Sie stehen, sehen wir jetzt. Sie haben der Besserung eine Chance gegeben. Nehmen Sie sich ein paar Minuten Zeit und schauen Sie sich das Chart genau an. Passt dies alles so aus heutiger Sicht?"

Damit geht der Coach aus dem Zimmer. Mine geht einige Schritte zurück und schaut das Visionsbild zufrieden an. Sie fühlt sich leichter. Ihr Blick wandert im Zimmer umher. Dann öffnet sie die Terrassentür und schnuppert die Sommerluft. Der Geruch des frisch gemähten Grases, eine Abendamsel singt. Ein zartes Gefühl der Zufriedenheit macht sich breit. Ihr Coach hatte mit ihr geübt, Gefühle zu benennen. Jetzt kann sie sagen, dass sie Zuversicht spürt.

Befreit atmet sie ein und aus. Während sie die Tür schließt, kommt der Coach zurück.

Er lächelt. „Ich sehe eine freundliche Miene."

„Danke, ja. Es geht mir viel besser. Ich habe verstanden."

„Dann können wir uns ab jetzt an die Beantwortung der Fragezeichen machen. Danach käme die Umsetzung. Möchten Sie so vorgehen?"

Im Auto kommen Mine Tränen der Erleichterung. Ein kleines Lächeln umspielt ihren Mund. Sie fühlt sich lebendiger. Die große, schwere Unsicherheit ist verschwunden. Bevor sie nach Hause fährt, geht sie an ihrem Lieblingsort am Waldrand ein paar Schritte und feiert leise ihren Fortschritt.

Fragen

Nachdenklich steht Mine vor ihrer Visionslandkarte. Die Probleme ihrer Mitarbeiter hält sie für die dringlichste Lösungsaufgabe.

„Ich habe meine Mitarbeiter sich selbst überlassen. Sie fühlen sich nicht wichtig."

„Was möchten Sie tun, damit sich die Mitarbeiter wieder wertgeschätzt fühlen?"

„Ein gemeinsames Essen?"

Der Coach runzelt die Stirn. „Was könnte ein gemeinsames Essen bewirken?"

„Ich hätte keine Lust für ein gemeinsames Essen", sagt Mine energisch.

„Wenn Sie ein vernachlässigter Mitarbeiter wären, was würde ihnen helfen?"

„Ich wollte echte Aufmerksamkeit und ehrliche Fragen und Antworten von meinem Vorgesetzten. Ich wollte sagen können, was mir nicht gefällt, und Verbesserungsideen einbringen."

„In welchem Szenario könnten sie sich das vorstellen?"

Am nächsten Morgen organisiert Mine ein zweistündiges Teammeeting mit dem Titel „Verbesserungsideen". Ihre Motivation für den Betrieb ist zurück. Anmeldungen für das Teammeeting gehen umgehend ein. Beruhigt arbeitet sie an den Fragen an ihre Mitarbeiter.

Wie hätte sich Mines emotionaler Stress durch mehr UMSICHT reduzieren können?

Wie hat Mines EINSICHT zu ihrer Erleichterung beigetragen?

Wie könnte WEITSICHT Mine zu einem stressfreieren und erfüllteren Leben verhelfen?

3.2.1 Wie hätte sich Mines emotionaler Stress durch mehr UMSICHT reduzieren können?

Umsicht bedeutet nicht nur, Dringlichkeit und Wichtigkeit von Aufgaben innerhalb eines bestimmten Kontextes beurteilen zu können. Umsicht als Grundlage für mentale Widerstandskraft und zur Vermeidung von emotionalem Stress erwächst aus der einsichtigen Bewusstheit über seine eigenen Bedürfnisse. Dem folgt die Kenntnis über Bedürfnisse anderer Menschen im entsprechenden System. Diese sind beispielsweise Familie, Kollegen oder Freunde. Einsicht ist die Voraussetzung für umsichtiges Verhalten. Dies zeigt sich für den IPC®-Coach in einem interessierten, respektvollen und rücksichtsvollen Umgang mit anderen Menschen.

Als erfolgsorientierte Unternehmerin erschreckt Mine wegen ihrer emotionalen Schmerzen. Zeigt sie damit Schwäche? Ihr ehemals sicheres Innere entpuppt sich nun als unerklärbares Labyrinth. Die sonst so klare Mine empfindet Chaos. Chaos macht sie unzufrieden. Unzufriedenheit bringt Unsicherheit. Unsicherheit und Ungeklärtes machen Furcht. Furcht bringt neuen emotionalen Stress. So entsteht für Mine eine Negativspirale, die sie selbst nicht stoppen kann. Damit gelingt es ihr nicht, die Bedürfnisse der Mitarbeiter oder die ihres Mannes zu erkennen oder auf sie einzugehen. Jetzt sieht sie nur noch ihren eigenen Schmerz, den sie nicht in den Griff bekommt.

Ohne Fragen keine Antworten
Mine und ihr Mann befinden sich in einem Wettbewerb. Es geht auch um Macht. Jeder möchte seine Interessen durchsetzen, ohne im Einklang mit den Bedürfnissen des anderen zu sein. Der Stress erlaubt Mine nicht mehr, klar zu denken und eine Kommunikationsstrategie zu entwerfen, die ihr helfen könnte. Durch regelmäßige und zugeneigte Kommunikation mit Mann und Mitarbeitern hätte Mine mehr Umsicht erreicht, indem sie beiden mit ehrlichem Interesse Fragen gestellt hätte. Diese Fragen hätten ihrem Mann und den Mitarbeitern Wertschätzung gezeigt. Beide hätten wertvolle Antworten geliefert. Sie wären eine wichtige Grundlage für Mines weiteres Handeln gewesen.

Mines Lebensmotto „Erfolg krönt das Leben in Unabhängigkeit und Selbstständigkeit" als Teil ihrer -ICH-KULTUR® ließ sie in eine Falle gehen. Die berühmten Scheuklappen zielgerichteten Unternehmertums versperrten ihr die Sicht auf die Umgebung. Unbewusst nahm sie an, dass nur sie selbst

Dinge regeln könnte. Der emotionale Stress verstärkte die Überfokussierung auf ihre Selbstwirksamkeit. Zusammen mit einem überhöhten Kontrollverhalten führte dies unter anderem zur Exklusion von Mitarbeitern und deren Ideen. Das mögliche Verlustgefühl ihres Mannes bezüglich seines Ruhestands interessierte sie nicht. Stattdessen grenzte sie auch ihn aus. Mehr über ihre Arbeit zu erfahren, hätte ihm möglicherweise Verständnis für ihre Sorgen gebracht. Hätte Mine mehr Umsicht walten lassen, wäre es den Mitarbeitern möglich gewesen, Vorschläge einzubringen. Mine hätte diese in Ruhe einordnen können. Weil sie nicht an ihre Mitarbeiter glaubte und sie nicht pfleglich behandelte, zogen sich diese zurück. Dadurch litt die Qualität der Arbeitsleistung.

3.2.2 Wie könnte WEITSICHT Mine zu einem stressfreieren und erfüllteren Leben verhelfen?

Der Entschluss, sich Unterstützung von außen zu holen, wurde aus Mines Einsicht geboren, dass sie Hilfe brauchte. Sie war ehrlich zu sich selbst. Eine Coaching-Begleitung fand sie passend. Da sie sich nicht krank, nur matt und mutlos fühlte, wünschte sie sich zeitnahe lösungsorientierte und praktische Unterstützung. Von einem neutralen Begleiter, dem sie vertraute, erhoffte sie sich Anstöße. Sie nahm sich Zeit für die wertvolle Reflexion und ließ sich auf Perspektivenwechsel ein. Dabei konnte sie annehmen, was an Einsichten in ihrem Inneren entstand. Mit der Zeit erkannte sie ihre Blockaden. Persönliche Stressoren konnte sie ebenfalls identifizieren. Sie überprüfte ihre typischen Reaktionen auf Stressfaktoren, übte alternative Verhaltensweisen. Ihre Rückfälle lernte sie zu akzeptierten. Sie erkannte, dass das Streben nach Perfektion Genussmomenten häufig im Wege stand. Ihre Offenheit und Zugänglichkeit, ihr ausgeprägter Wille zur Veränderung und Entwicklung sowie ihre Disziplin halfen ihr, mit ihren Einsichten umzugehen. So fühlte sie sich bald erleichtert und motiviert. Einsicht ist Erkennen. Sie benötigt Achtsamkeit und Konzentration. Mit Einsicht kann es uns gelingen, Fakten zu suchen, sie zu finden und zu verstehen. Alle Gefühle eines Individuums, ob positiv oder negativ, werden durch Einsicht wertgeschätzt und der Umgang mit ihnen geschärft.

Mine erkannte, dass sie die Bewusstheit über die erfrischenden Geschenke der Natur aus ihrem unternehmerischen Geist verbannt hatte. Sie war beherrscht von Erfolgsstreben und sah sich selbst und ihre Mitarbeiter als reine Erfüllungsgehilfen einer geschäftlichen Zielerreichung. Die Unzufriedenheit ihres Mannes hatte sie nicht als Warnruf gesehen. Ihr Stress ließ sie vor sich selbst in einem so dunklen Licht erscheinen, dass sie sich vor anderen Menschen schämte und sich von ihnen zurückzog. So mussten ihre interpersonellen Talente ruhen. Ihre intrapersonelle Intelligenz, die sie Dinge hätte hinterfragen lassen, war aufgrund der Übermacht des Ärgers ganz verstummt. Die Einsicht, dass sie selbst einen großen Teil der Verantwortung für ihre desolate Situation trug, führte schließlich zu einer Erleichterung. Sie erkannte, dass sie es selbst in der Hand hatte, Veränderungen herbeizuführen. Mit frischem Mut versuchte sie, diese Einsicht in praktisch-umsichtiges Verhalten zu wandeln. Folglich wurde sie achtsamer und umgänglicher. Für ein Leben in maximaler Lebendigkeit könnte Mine aktiv an ihrer ICH-KULTUR® arbeiten. Ihr Wille, mit ihren negativen Gefühlen umzugehen und ihren emotionalen Stress zu reduzieren, könnte ihr Interesse an ihren persönlichen Kulturvariablen fördern. Diese könnte sie überprüfen, flexibilisieren oder gar ablegen. So würde sie ihre innere Selbstsicherheit ganz automatisch stärken. Sie könnte leichter Prioritäten setzen und zwischen wichtig, dringlich und notwendig unterscheiden. Mit erhöhter Bewusstheit über sich selbst könnte sie wählen, mit welchen Menschen sie sich in ihrer Freizeit wo und wann treffen wollte. Sie würde sich positionieren, statt trotzig eine Klubveranstaltung ihres Mannes zu schwänzen. Eine bessere Kenntnis über die multiplen Intelligenzen könnte sie veranlassen, ihre versteckten Talente zu entdecken. Dies alles wäre ein Lebensprojekt. Wenn Mine ihre Entwicklung als ein solches sehen könnte, würde sie sich im Spiegel betrachten und sich nicht so sehr über ihre Falten ärgern. Die Einsicht über ihr einmaliges Dasein gäbe ihr eine Chance für mehr Freude im Leben.

3.2.3 Weitsicht für ein erfüllteres Leben

Weitsicht erfordert Umsicht und folglich Einsicht. Weitsicht wägt immer mögliche Konsequenzen ab, soweit dies unserem bewussten Denken in einer bestimmten Situation möglich ist. Je lebenserfahrener wir sind, desto leichter könnte es uns gelingen, uns auf unsere Intuition zu verlassen. Wenn wir uns und anderen gegenüber achtsam sind, entwickelt sich unser Gehirn entsprechend.

IPC®-Coaches sehen persönliche Weitsicht als abhängig von persönlichen Werten. Weitsicht müsste auch einen Wert darstellen. Zusammen mit unseren Gefühlen leiten Werte unser Handeln. Bewusste Werteorientierung impliziert Rationalität. Wie zeigt sich für den Einzelnen im Innen und Außen, dass uns unsere Werte leiten? Wie zeigen wir dies im täglichen Tun? Kann es sein, dass wir privat andere Werte bemühen als beruflich? Vielleicht vertrauen wir blind auf das Leitbild unserer Organisation, womöglich sind unsere und jene Werte kongruent. Dennoch kann man Konflikte und emotionale Herausforderungen nicht vermeiden. Man kann sie kommen sehen, indem man bewusst mögliche Auswirkungen des eigenen Handelns abwägt. Mines Firma hat sicherlich dieselben Werte wie Mine, jedoch nur, wenn diese von beiden Seiten bewusst gelebt werden. Kennen Mines Mitarbeiter das Firmenleitbild? Für eine bessere Mitarbeiterbeziehung hat sich Mine schon zaghaft, aber mutig eingesetzt. Was daraus wird, bleibt zunächst unklar. Weitsicht für ein stressfreies und erfüllteres Leben kann für Mine bedeuten, dass sie ihre Ziele klärt und Misserfolg akzeptieren kann. Ihren Mann möchte sie nicht verlassen. Sie könnte auf ihn zugehen und aktiv das Ihre für ein besseres gegenseitiges Verständnis tun. Vielleicht hat sie Gefühle vergangener freudvoller Erlebnisse konserviert und kann diese abrufen, wenn der Stress über das Verhalten ihres Mannes sie übermannt. Kann sie anerkennen, dass auch er sich vielleicht um ein besseres Verhältnis bemüht? Wenn sie akzeptieren kann, dass sich beide Partner über ein Zusammenleben weiterentwickeln, ist es vorstellbar, dass sie ihren Mann mit neuen Augen sehen könnte und er sie. Vielleicht aber möchte sie einfach weiterziehen auf ihrem Lebenspfad, weil das ehemalige Zusammengehörigkeitsgefühl verschwunden ist. Weil Bedürfnisse erfüllt werden möchten, könnten diese auch ihn veranlassen, eine andere Richtung einzuschlagen, vorausgesetzt er ist sich ihrer bewusst.

Als IPC®-Coaches sehen wir Weitsicht auf dem Lebenspfad als eine Entscheidung darüber, wie man selbst sein möchte. Wir haben nur bedingt Einfluss auf die Wahrnehmung anderer und schließlich kaum Einfluss auf die Meinung anderer über uns. Doch unser werteorientiertes Gewissen steuert im Unterbewussten unser Identitätsgefühl. So könnte sich Mine einmal im Jahr mit Mut zur Ehrlichkeit fragen: „Bin ich mit mir im Reinen?" Ihr inneres Spiegelbild würde ihr unmissverständlich Klärung bringen. Mine verlässt sich in ihren sozialen Interaktionen auf den Freundeskreis ihres Mannes, da sie sich kaum Zeit nimmt, einen eigenen zu pflegen. Reine Klubfreundschaften bergen die Gefahr der Einseitigkeit und Befangenheit gegenüber Menschen außerhalb eines Zirkels. Menschen zu finden, die für sie eine Bereicherung sind, könnte Mine dabei unterstützen, zufriedener zu sein. Eine Vielfalt an Bekanntschaften kann Abenteuer, Tiefe und Spaß bringen. Der Umgang mit der Vielfalt unterschiedlicher Menschen auf ihrem Lebenspfad könnte Mine Weitsicht und Umsicht üben lassen und ihr damit neue Einsichten bringen.

3.3 Die Parkbank

Die Menschen haben das Treppenhaus in der Arbeitsagentur verlassen. Zurück bleiben Gert Simon und der freundliche Herr mit südländischem Akzent. Er betrachtet Gert Simon mit wohlwollendem Lächeln. Dieser sitzt gebeugt, die Ellbogen auf den Oberschenkeln abgestützt, das Gesicht in den Händen vergraben. Dann seufzt er und schüttelt langsam den Kopf. Eine Weile sitzen sie sich schweigend gegenüber. Dann richtet sich Gert Simon auf und schaut um sich. Kaum hörbar murmelt er: „Ich habe Angst, dass es mir ebenso geht?"
„Wie meinen Sie?"
„Na, dass auch ich keine Lust mehr habe, zu leben."
„Was ist ihr Lebenssinn?"
Überrascht schaut Gert auf.
„Was ist das für eine Frage? Wer sind Sie überhaupt? Arbeiten Sie hier?"
Der freundliche Herr beugt sich ebenfalls vor. „Nein, ich habe einen Klienten hierher begleitet."
Gert Simon senkt den Kopf und nickt stumm.
„Was machen Sie hier?" fragt der freundliche Herr.
„Ich habe meine Arbeitsstelle verloren und wurde zu einem Gespräch eingeladen."
„Ja, das ist der normale Prozess."
„Ich muss jetzt gehen", Gert Simon packt seine Tasche unter den Arm und steht auf. Der Herr mit Akzent ebenfalls.
„Hier ist meine Karte, für alle Fälle." Gert Simon steckt sie in die Hosentasche, ohne sie anzuschauen. „Ja."
Beide gehen schweigend zum Aufzug.

Als Gert Simon das Gebäude verlässt und in den Straßenlärm taucht, fühlt er in seinem Kopf wieder dieses Taubheitsgefühl. Nichts wie weg von hier, denkt er. Am Zebrastreifen wartet er geduldig. Bei Grün geht er zielgerichtet über die Straße zum Parkeingang. Dort bleibt er stehen und zieht die Luft durch die Nase, während er auf die mit Kreide geschriebenen Angebote am Kiosk starrt: der Duft einer Mischung aus Currywurst, Bratwurst und Fritten. Angewidert dreht er sich weg. Sein Blick fällt auf eine Seniorengruppe unweit von ihm. In der Mitte der Rasenfläche bewegen sich die Menschen graziös in gleichem Rhythmus. Zögernd geht er in diese Richtung. Der feine Parkschotter knistert unter seinen schlappenden Schritten. Als er bei der Seniorengruppe ankommt, bleibt er stehen und schaut eine Weile den zeitlupenartigen geschmeidigen Bewegungen zu. Asiatische Meditation?, fragt er sich. Dann fällt ihm auf, dass die Menschen lächeln. Plötzlich hat er seinen Chef vor Augen, das Erlebnis bei der Arbeitsagentur und den freundlichen Herrn. Grübelnd geht er weiter bis zu seiner Parkbank. Gedankenverloren setzt er sich, legt seine Tasche neben sich. Hier hat er sich immer gut gefühlt, irgendwie aufgehoben. Er seufzt hörbar, beugt sich vor und vergräbt das Gesicht in den Händen.

„Geht es Ihnen nicht gut?", fragt Mine am anderen Ende der Parkbank.

Gert Simon schüttelt den gesenkten Kopf. Schweigen. Mine beginnt, in ihrem Buch zu blättern. Mindestens fünfzehn Seiten möchte sie lesen. Ihr Coach meinte, es könne ihr helfen. Die Beispiele im Buch sind vielfältig und machen Mine zuweilen sehr betroffen. Sie erkennt, dass sie nicht allein ist mit ihren Gefühlen. Doch ihre Situation ist ganz anders.

Gert Simons Hand gleitet auf seine Aktentasche neben ihm. Aus den Augenwinkeln schaut er hinüber zu Mine, zurück und wieder hinüber. Irgendetwas an ihr findet sein Interesse. „Was lesen Sie da?"

„Was gegen Stress. Ist ziemlich gut", antwortet Mine. „Haben Sie auch Stress?", fragt Mine mit hochgezogenen Brauen unter interessierten Kulleraugen.

Nach zwei Stunden angeregter Unterhaltung verabreden sie sich für ein nächstes Treffen auf der Parkbank. Gert Simons Schritt ist kräftiger, als er weggeht. Mine winkt ihm lächelnd nach.

Katze Lena streicht unruhig um Gert Simons Beine. Er schaut angestrengt auf den Computerbildschirm. Sein Bewerbungsportfolio sei total unmodern, hatte der Agenturmensch gesagt. Er müsse alles dringend neu gestalten. Zeitgemäße Struktur und Chronologie. Es fällt ihm schwer, sich auf eine Struktur festzulegen. Die Auswahl im Internet verwirrt ihn. Wer sagt ihm, was richtig und falsch ist? Dem Agenturmitarbeiter traut er dies nicht zu, der meckert nur. Katze Lenas Unruhe passt ihm. Gert Simon steht auf und öffnet das Fenster zum Garten. Sie springt hinaus. Er schaut ihr nach. Ein kleines Lächeln umspielt seine Augen. Ein kurzer Augenblick eines wohligen Gefühls umgibt ihn. Sein Blick fällt auf den Ahornbaum vor seinem Fenster. Da erinnert er sich an seinen Parkbesuch. Die anmutigen Bewegungen und die offensichtliche Zufriedenheit der Seniorengruppe fand er hübsch. Und da war noch Mine, diese angenehme, liebenswürdige Dame. Das lange Gespräch hatte ihm gutgetan. Mit einem Satz klettert Katze Lena auf ihren Lieblingsast. Gert Simon blinzelt ins warme Sonnenlicht, sein Mund lächelt fast unmerklich. „Du hast es gut", sagt er stimmlos zur Katze. Regungslos, mit den Händen in den Hosentaschen, schaut er lange auf die Silberstreifen am Horizont.

„Wie kommen Sie auf einen simplen Ahornbaum?", fragt Mine den Gärtner, während beide das karge Gelände um ihr neues Haus durchstreifen.
„Ich meine, er passt zu Ihnen".
Mine zieht die Schultern hoch und macht eine ungläubige Grimasse.
„Freiheitsliebe, Ehrgeiz, Willensstärke wird durch einen Ahornbaum verkörpert. Ich sehe Sie so. Sie sind eine fidele Person!"
„Oh, das erstaunt mich!" Mine bleibt neugierig stehen. Beide blättern durch die Feng-Shui-Vorschläge im Buch für Gartenraumgestaltung. „Welchen Baum möchten Sie denn an dieser Stelle?" Mine freut sich über diese Frage und blättert zielsicher zu der Ahorn-Seite zurück. „Es müsste ein zartblättriger Ahorn sein."

Ächzend wälzt sich Gert Simon im Bett. Sein Wecker zeigt 3.20 Uhr. Ein weiterer Albtraum hat ihn geweckt. Er steht auf und öffnet das Fenster. Tiefe Atemzüge in der erfrischenden Luft beruhigen ihn ein wenig. In der Küche setzt er sich an den rustikalen Esstisch. Zornig gießt er sich Wasser ein.
„Verdammt! Diese Sache lässt mich nicht los!" Eine Weile sitzt er mit geschlossenen Augen am Küchentisch. „Dieser Chef ist schuld. Ich habe doch nichts falsch gemacht. Ich werde es ihm zeigen!"

Gert Simon wartet schon auf der Parkbank, als er Mine winkend in der Ferne erkennt. Achtlos dreht er am Stiel eines heruntergefallenden Blattes. Mine wischt die trockenen Blätter von der Bank, setzt sich auf ihr mitgebrachtes Kissen und streicht ihre braune Tuchhose glatt. Ihre Jacke legt sie vorsichtig über die Banklehne.

„Tut mir leid, heute habe ich nur eine halbe Stunde Zeit. Wie geht es dir?"

„Ich habe Albträume." Gert Simon starrt auf seine Trekkingsandalen und bewegt seine Zehen in den grauen Socken. Mines Blick folgt ihm. Dann wandern ihre Augen über seine zerknautschte Hose und das ausgebleichte Olivgrün seines T-Shirts zu seinem Gesicht. Er sieht fahl aus, denkt Mine.

„Der Chef ist schuld. Ich habe nichts falsch gemacht!", sagt Gert Simon mit wütendem Unterton. „Er muss dafür büßen!"

„Mitarbeiter machen oft etwas falsch, weil sie nicht wissen, was der Chef will. So erging es zumindest mir mit meinen Mitarbeitern."

„Was machen sie denn falsch?" Gert Simon dreht sich um und schaut sie an. Mine reißt ihre Kulleraugen auf und sagt bestimmt. „Sie stellen keine Fragen. Meine Mitarbeiter arbeiteten stumm vor sich hin. Als Chefin habe ich sie nicht ermuntert, Fragen zu stellen. Ich wollte keine Vorschläge von ihnen. Ich wollte nur, dass sie ihre Aufgaben richtig machen. Manche wollten mehr von mir. Weil ich sie links liegen ließ, zogen sie sich gekränkt zurück. Die Motivation litt. Aus Nachlässigkeit wurden Fehler gemacht."

„Wer ist dann schuld an allem?" Gert Simons Stimme klingt genervt. Mine schüttelt den Kopf: „Was heißt schon schuld?" Und resolut fügt sie hinzu: „Chef und Mitarbeiter sollten sich ihrer Verantwortung gleichermaßen bewusst sein. Ich habe zu spät erkannt, dass nicht nur der Vorgesetzte Verantwortung trägt. Man sollte den Mitarbeitern seine Erwartung erklären und häufig präsent sein, damit sie den Chef auch als Führungskraft anerkennen."

„Mein Coach sagt: ‚Wer nicht da ist, kann nichts sehen und kann auch nicht gesehen werden'."

Gert Simon nickt. Das Baumblatt zwischen seinen Fingern dreht sich jetzt schneller.

„Freiheit, Ehrgeiz, Willensstärke!", sagt Mine lächelnd und deutet auf das Blatt.

Gert Simon blickt Mine fragend an.

„Das Ahornblatt hier, es symbolisiert Freiheit, Ehrgeiz, Willensstärke! Ist es das, was du brauchst?", fragt sie schelmisch. „Jetzt muss ich aber auch schon weiter." Bevor Gert Simon nachdenken kann, steht sie auf, packt ihre Sachen und verabschiedet sich mit einem Winken. Gert Simon winkt zurück. Er betrachtet das Ahornblatt, schließt die Augen, lehnt sich zurück und legt den Kopf auf die Lehne. Zufrieden atmet er tief ein und aus. Als er die Augen öffnet, schaut er in das Grün des Ahorndaches über ihm. Da ist es wieder: das Gefühl der sanften Freude.

„Ich bin froh, dass Sie angerufen haben, Herr Simon", sagt der freundliche Herr mit dem südländischen Akzent. „Was kann ich für Sie tun?" Gert Simon presst den Telefonhörer zwischen Kinn und Schulter und geht spähend zum Fenster. Katze Lena sitzt in der Astgabel des Gartenbaums. Ein leichtes Lächeln umspielt seine Mundwinkel.

„Ich weiß nicht, ob Sie mir helfen können", sagt er kraftlos. „Ich möchte gerne mit Ihnen sprechen. Ich weiß nicht, was ich tun soll. Alles ist grau und trist, so ein Leben möchte ich nicht." Er schaut am Baum vorbei über den fernen Park hinweg zum Horizont.

„Danke, bis übermorgen." Als er auflegt, fällt sein Blick auf die Aktentasche, in der sich immer noch das Küchenmesser befindet. Eilig stellt er sie ins Regal.

Mine stellt das Geschirr in die Spülmaschine. Ihr Mann räumt die Lebensmittel in den Kühlschrank. Während des Abendessens am sorgfältig gedeckten Tisch mit klassischer Hintergrundmusik haben sie kaum miteinander gesprochen.

„Kommst du mit zum Klubtreffen?"

> Mine schüttelt geistesabwesend den Kopf. Sie denkt an Gert Simon. Wie es ihm wohl geht? Ein leichtes Schuldgefühl plagt sie. Sie war so gut gelaunt neulich. Er erschien ihr irgendwie hilflos, erinnert sie sich. Hätte sie bei ihm bleiben sollen?

„Was ist nun?", ruft ihr Mann aus dem Wohnzimmer. „Nein, ich lese lieber", sagt Mine gerade noch hörbar. Im Stillen freut sie sich auf ein paar Stunden ohne ihn.

„Ich verstehe dich nicht", murrt ihr Mann. Die Zimmertür knallt ins Schloss.

Mine bleibt mitten in der Küche stehen und atmet erleichtert auf. Dann dreht sie die Musik am Multimediacenter bei der Küchentür lauter und geht ins Wohnzimmer. Dort arrangiert sie prächtige blaue Hortensien in eine wertvolle Chinavase und stellt sie in die Mitte des polierten Holztisches. Dann zieht sie die schweren Seidenvorhänge zu. Ihre Hand streicht über die Lehne des Designersofas während sie nachdenklich zum Sideboard hinübergeht. Als ihr Mann gerade die neu gepflasterte Hauseinfahrt hinunterfährt, wählt sie Gert Simons Nummer.

„Meine Mutter ist im Krankenhaus. Ich muss sobald es geht zu ihr fahren. Können wir unser Treffen verschieben?"

„Aber sicher", sagt Mine. „Das tut mir leid." Sie kuschelt sich in ihre Kaschmirdecke mit dem bunten Paisley-Muster und legt die Beine auf das lederne Sofa. „Kann ich irgendetwas für dich tun?", erkundigt sich Mine besorgt.

„Ich möchte jetzt nicht darüber sprechen. Meine Mutter hat nur mich. Sie hat mich allein aufgezogen, weißt du. Ich muss ihr helfen. Werde mich wieder melden."

Als sie auflegt, spürt sie etwas ergreifend Gnadenvolles, als würde jemand ein warmes Tuch über ihre Schultern legen. Sie kuschelt sich tiefer in ihre Decke, nimmt ihr Buch, beginnt zu blättern. Dankbar über diesen Augenblick schließt sie die Augen und lauscht Mendelsohn-Bartholdy. Ihre Erkenntnisse der letzten Wochen ziehen vorüber. Sie fühlt sich weniger gezwungen, beinahe frei. Langsam driftet sie in einen verschwimmenden Schummer. Das Buch rutscht von der Sofalehne. Glücklich schläft sie ein.

„Ich brauche Frieden", sagt Gert Simon beinahe stimmlos. Sein Blick fällt auf die gelben Blätter der Platanen, die im Herbstwind wiegen. Der freundliche Herr nickt und notiert etwas. „Was brauchen Sie noch?"

„Ich fühle mich unsicher, habe keinen Halt mehr. Meine Mutter ist seit Monaten schwer krank, wenn sie nicht mehr da ist, habe ich niemanden mehr."

„Und ihre Freunde?"

„Meine Freunde verstehen mich nicht. Ich muss mich immer erklären, das nervt."

„Wer kann Sie unterstützen?" Der freundliche Herr schenkt Wasser ein und reicht ihm ein Glas.

„Niemand." Gert Simon hält inne. „Doch, ich habe eine Bekannte. Wenn wir reden, fühle ich mich sehr wohl. Sie hat wenig Zeit."

„Was gefällt Ihnen an ihr?"

„Sie ist immer gut gelaunt, wenn wir uns treffen. Liebenswürdig." Ein Lächeln zieht über Gert Simons Gesicht. Mine ist die einzige weibliche Person, die ihm angenehm ist. Diese kleine Dame ist so anders. Seine lauten Kolleginnen interessieren ihn nicht. Ihr derbes Lachen stößt ihn ab. Auch seine Freundin, die ihn vor ein paar Jahren so mir nichts dir nichts verlassen hat, war nicht so fein und verständnisvoll.

Der freundliche Herr unterbricht seine Gedanken. „Welche Art der Unterstützung gibt sie Ihnen?"

„Hm. Sie ist da. Und sie hat gute Ideen. Dabei kenne ich sie erst seit dem Sommer, aber ich vertraue ihr."

„Sie scheint eine Bereicherung zu sein für Sie." Der freundliche Herr lehnt sich bequem auf seinem Stuhl zurück und lächelt erwartungsvoll.

„Ja, das ist sie bestimmt. Unsere Treffen machen mich froh. Sie hilft mir, mich selbst zu verstehen." Ein warmes, heimeliges Gefühl erfüllt seine Brust.

„Welches Ereignis hat Ihnen am meisten Freude gebracht in den letzten Wochen?" Mines Coach stellt sich an das Flipchart und blättert durch die vielen beschriebenen Seiten. Mine sitzt aufrecht auf der Kante ihres Sessels. Aufmerksam schaut sie hinüber. Ihre Kulleraugen glänzen. Munter berichtet sie über die Treffen mit Gert Simon. Der Coach schlägt Mines Visionsbild auf.

„Welche Erkenntnisse erbrachten Ihre Hausaufgaben?"

„Meine Mitarbeiter haben die gemeinsamen Meetings sehr gut aufgenommen. Wir haben Aktionspläne erstellt. Alle möchten sich daran halten. Das nächste Meeting ist in zwei Monaten. Ich bin sehr froh, meine Arbeit macht mir wieder mehr Spaß."

„Wie geht es Ihnen mit Ihrem Mann?"

Mines Mundwinkel gehen nach unten. Ihre Stirn runzelt sich. Sie schaut sie auf den Teppich mit den feinen Mustern. „Nicht gut. Es wird eher schlechter."

„Sie wollten ein aufrichtiges Gespräch mit ihm; schon vor Wochen", erinnert sie der Coach drängend.

„Dazu hatte ich keine Lust. Seine Bissigkeit ist mir lästig. Sein Nörgeln geht mir auf die Nerven. Ich bin froh, wenn ich ihn nicht sehe."

„Hm. Möchten Sie, dass sich Ihr Verhältnis zu Ihrem Mann verbessert und aktiv etwas dafür tun?"

„Ich weiß es nicht." Mines Körper erstarrt. „Er tut nichts dafür."

„Was wünschen Sie sich von ihm?"

Mine schaut trotzig hinüber zu ihrem Coach. „Nichts. Er soll mich nur in Ruhe lassen."

Mine streckt ihr Gesicht in die Morgensonne und den blauen Himmel hinter den sich färbenden Ahornbäumen. „Welch herrlicher Morgen!", denkt sie, als sie in ihren Sportwagen steigt. Sie freut sich auf die Arbeitsorganisation der anstehenden Messe. Zwei neue Mitarbeiter beginnen heute. Sie möchte sie willkommen heißen.

Gert Simon spaziert am Fluss entlang. Eine große Gruppe Nilgänse grast behaglich am Ufer. Die Zeitung hat erst vor ein paar Tagen über die schnell anwachsende Population berichtet. Die Vögel mit den farbumrandeten Augen gefallen ihm. Dann setzt er sich auf eine der morgendlich leeren Bänke und beobachtet die Tiere. Zwei Jogger laufen pustend an ihm vorbei. Ein Mann mit Hund schaut in die Abfalltonnen und holt Flaschen heraus. „Sonderbares Leben", denkt Gert Simon, „wie wohl meine Zukunft aussieht?" Er beobachtet die wenigen morgendlichen Passanten am ruhigen Flussufer. Dann fällt sein Blick auf ein Plakat für einen Vortrag beim „dai": Arundhati Roy berichtet über ihr Buch „Der Gott der kleinen Dinge". Gert Simon kennt sie nicht, doch er findet den Titel interessant. „Kleine Dinge kann man erst schätzen, wenn man große hatte", denkt er. Er springt auf. „Wo sind die großen Dinge für mich?" Sein Gesicht runzelt sich zu einer mürrischen Grimasse. „Was ist das für ein Leben? Bin ich ein Versager?" Er spürt sein Herz pochen. Während er die grasenden Nilgänse hinter sich liegen lässt, denkt er an den morgigen Termin bei der Arbeitsagentur. Er soll über seine Vorstellungsgespräche berichten. „So ein Schmarrn!"

Mine ist aus ihrem Büro gegangen. Den neuen Mitarbeitern widmete sie exakt zehn Minuten, dann fühlte sie sich lustlos. „Unausstehlich!", denkt sie über sich selbst. Geradezu impertinent findet sie ihr gespieltes Interesse an ihren Mitarbeitern. Heute ist ein schlechter Tag, dabei hatte er so gut begonnen. Sie erinnert sich an den strahlend blauen Himmel. Mine läuft runter zum Fluss. Dort sucht sie sich einen Platz weit weg von den grasenden Nilgänsen. Mit dem flauen Gefühl der Scham setzt sie sich auf ihr mitgebrachtes Kissen ins Gras. Sie zieht ihre Schuhe aus, betrachtet kurz ihre dunkelrot lackierten Zehennägel und streckt die nackten Füße ins Wasser. Die Abkühlung tut gut. „Was ist nur los?", fragt sie sich. „Square one", denkt sie und wählt die Nummer des Coaches.

„Wie? Sie haben einen Rückfall?"

„Ja, ich bin ungerecht und unfähig. Ich kann nicht mehr. Ich brauche ein neues Leben!", ruft sie aufgebracht.

Sie notiert die Hausaufgabe des Coachs, legt das Handy beiseite und lässt sie sich ins Gras zurückfallen. Ihr Blick wandert in den Himmel. Sie schließt die Augen. Ihr Ärger über ihr Ungenügend-sein erfüllt ihren gesamten Körper. Dann nickt sie ein.

Als ihre Mittagspause vorbei ist, steht sie auf und streicht schnell ihre weiße Bluse über der braunen Leinenhose glatt. Als sie aufblickt, sieht sie in der Ferne eine Person vornübergebeugt auf einer Bank mit dem Gesicht in den Händen vergraben. Sie spürt einen kleinen Stich in der Magengegend. Gert Simon? Sie hält den Atem an. Der würde sie jetzt auch nur nerven. Nein, das ist er nicht. Dennoch, nichts wie weg von hier!

3 Gert Simon und Mine

Das feinblättrig leuchtende Rot des frisch gepflanzten japanischen Ahorns begeistert die Gäste. Mines Mann lobt das prächtige Exemplar als besonderes Schnäppchen. Dem Sektempfang auf der Gartenterrasse folgt ein feines Essen für acht, von Mine extra sorgfältig zubereitet. Die Herren sind wichtige Klubkollegen und gleichzeitig Geschäftspartner ihres Mannes. Seit Jahren bekocht sie diese Gruppe regelmäßig mit edlen Gerichten, um ihren Mann vor geschäftlichen Nachteilen zu schützen. Zufrieden mit ihrem hausfraulichen Werk trinkt sie in der Küche ihr Glas Champagner leer, das sie zu Beginn der Dinner-Party weggestellt hatte. Während sich die Gruppe in intensiven Gesprächen auf die Gartenterrasse begibt, dekoriert sie das Dessert mit Rosenblättern aus dem Garten.

„Der Grappa ist alle!" Ihr Mann stürmt in die Küche und reißt den Eisschrank auf.

„Soviel ich weiß, haben wir keinen Grappa mehr", sagt Mine ruhig auf ihre Dekorationsaufgabe konzentriert. „Cognac tut es auch", fügt sie leise hinzu.

„Was?", ruft ihr Mann nervös. „Was sagst du da? Cognac passt gar nicht!"

„Hm." Mine beginnt, das Dessert auf ein feines Tablett zu stellen, als ihr Mann ihr das Tablett aus der Hand nimmt.

„Ich mach das schon. Du kannst ja zu Bett gehen."

Tränen quellen aus Mines Augen als sie die Spülmaschine einräumt. Dann geht sie die Treppe zum Schlafzimmer hinauf. Das angeregte Lachen der Männergesellschaft hört sie nicht mehr. Bitterlich weinend setzt sie sich auf ihr Bett.

Als sie sich gefangen hat, steht sie trotzig auf. Aus ihrem antiken Sekretär holt sie ihren Notizblock.

Ich brauche Liebe, Leichtigkeit und Verständnis.

„Das Leben ist ein Geben und Nehmen, nicht wahr?", fragt ihr Coach. „Wie viel Verständnis geben Sie selbst? Wann gelingt es Ihnen, Liebe zu geben? Kann Leichtigkeit entstehen, wenn die ersten beiden fehlen?"

„Oh, erwischt!", sagt Mine betroffen und gräbt ihre Hände zwischen die angespannten Knie.

„Wollen wir gemeinsam probieren, Ihre innere Haltung anzuschauen und wie sie sich auf Ihr Verhalten auswirkt?"

„Wenn es hilft. Ehrlich gesagt, habe ich keine Geduld mehr. Gestern war ich im Immobilienportal. Ich suche mir eine kleine Wohnung, ich kann nicht mehr klar denken. Ich muss klar denken können!"

„Die Vorstellungsgespräche laufen immer gleich ab. Ich soll meinen Lebenslauf erzählen", berichtet Gert Simon seinem Berater bei der Arbeitsagentur. „Wissen Sie, das ist für mich völlig daneben! Ich bin doch kein kleines Kind!", fügt er mit erhobener Stimme hinzu.

„Was denken Sie? Wie kommen Sie bei den Vorstellungsgesprächen rüber?", fragt sein Berater interessiert.

„Wie? Wie kommen Sie rüber?"

„Na, erscheinen Sie als selbstsicherer, erfahrener Mann oder als unlustiger, gebeugter Bewerber?"

„Hm", brummelt Gert Simon, „keine Ahnung."

„Eben! Sie sollten an Ihrem Auftreten arbeiten. Hier erlebe ich Sie auch ziemlich untertänig und schlaff, das macht mir keinen positiven Eindruck."

Gert Simon starrt vor sich hin. Mutter hatte ihm eingeschärft, nicht aufzufallen. Man fällt doch auf, wenn man sich brüstend vor Leute stellt. Er merkt, dass er keine Vorstellung hat, wie er sich gewinnbringend verhalten könnte. Dann denkt er an seine kranke Mutter. Traurig atmet er ein und hält die Luft an. Ihr Zustand verschlechtert sich rapide.

„Möchten Sie an sich arbeiten?"

Gert Simon nickt gehorsam. Abwesend schaut er auf den Rücken des Bildschirms, hinter dem der Berater seinen Curser suchend im Agenturportal herumzieht. „Sie könnten einen Kurs besuchen?"

Gert Simon hört nicht, was sein Berater sagt. Sein Chef, der ihn einfach so stehen ließ und nichts Klares sagte bei der Kündigung, ist ihm im Kopf. Diese Demütigung beschäftigt ihn pausenlos. Dieser Chef-Chef, der ihm auf diese unbeschreiblich rüde Art seinen Kündigungsbrief hinlegte. Die erwähnten Fehlzeiten. Sein Kopf brummt. Ihm wird schlecht.

„Entschuldigung, ich muss kurz raus", sagt er, steht auf und öffnet die Tür.

Draußen geht er schnell zum Fenster, es ist verriegelt. Er setzt sich auf einen Stuhl, steht wieder auf, geht zum nächsten Fenster. Sein Herz rast, sein Atem stockt, bald fühlt er eine Beklemmung. Er bekommt Angst. Seine Knie zittern. Er möchte Schreien, kann es nicht. Nun tastet er sich an der Wand entlang durch den Flur in Richtung Treppenhaus. Dort bleibt er stehen. Hastig läuft er die fünf Stockwerke hinunter. Erschöpft lehnt er sich an die Gebäudewand und schnappt nach Luft. Langsam kommt er wieder zur Besinnung. Noch eine Weile verharrt er, dann geht er zielgerade zur Ampel. Der Park wird ihm jetzt guttun.

„Was ist passiert?", fragt Mine interessiert ins Telefon. Sie sitzt an ihrem Schreibtisch mit der rechten Hand auf der Computermaus. Angespannt hört sie zu, abwechselnd nickt sie oder schüttelt den Kopf. Sie reißt ihre Kulleraugen auf und räuspert sich.

„Gert! Du bist einfach weggelaufen? Du musst zum Arzt. Das hört sich nach Panikattacke an oder so etwas Ähnlichem!"

Als sie auflegt, räumt sie ihre Sachen in die Tasche und verlässt eilig das Büro.

„Ich komme in zwei Stunden wieder!", ruft sie der Sekretärin zu und steigt eilig ins Auto. Die Autofahrt zum Besichtigungstermin würde nicht lange dauern. Zwei Wohnungen will sie anschauen. Sie ist sicher, dass sie sich für eine qualifizieren wird.

Gert Simon findet den Brief von der Arbeitsagentur verstörend. „Ist doch unfair!", sagt er trotzig, als die beiden Freunde den Brief gelesen haben. Man möchte ihm die Unterstützung kürzen, weil er nicht mehr auf die Beschäftigungsvorschläge seines Beraters reagiert. Mine hatte am Telefon gesagt, das sei verständlich. Er solle wieder zu den Terminen bei der Agentur gehen. Der freundliche Herr mit dem südländischen Akzent hatte ihm nicht helfen können. Das war ihm alles zu psychologisch. Es fiel ihm schwer, auf die vielen Fragen des Herrn Antworten zu finden.

Ein paar leere Bierflaschen stehen auf Gerts Couchtisch. Die Pizzaschachtel neben den umgefallenen Schachfiguren ist halb voll.

„Was willst du eigentlich, Gert?", fragt sein Freund kauend.

„Ja, was ist bloß los mit dir?", fragt der andere, während er das Schachbrett unter der Pizzaschachtel hervorzieht.

„Ich will Ruhe!", ruft Gert Simon.

„So wird das nichts!" Verdrossen räumt sein Freund die Pizzaschachtel und die leeren Flaschen weg. Der andere ordnet die Schachfiguren ordentlich auf das Brett. „Ich zeige dir heute einen super Zug, mit dem kannst du den König garantiert matt setzen."

„Ach, lass mich. Dazu habe ich keine Lust." Gert Simon steht auf und öffnet das Fenster. Er verfolgt Katze Lenas eleganten Sprung auf das Fensterbrett. Zärtlich grault er sie hinter den Ohren und streicht ihr über den Rücken, bevor sie mit einem kraftvollen Satz auf dem Rasen landet und in ihre Astgabel zwischen die bunten Blätter klettert. Seine Freunde vertiefen sich in ihr Schachspiel.

„Ich fühle mich auch matt gesetzt", sagt Gert Simon kaum hörbar vor sich hin. Ein kalter Schauer überfällt ihn. Er dreht sich zu den Freunden um: „Matt ist das richtige Wort, ich bin matt und schlaff."

„Ja, und es scheint, als gefiele dir dieser Zustand", sagt sein Freund energisch.

Gert Simon ist irritiert. „Wie kommst du denn darauf?"

„Schau dich an, du lässt dich hängen. Du trägst zerknautschte Hosen und verwaschene, nicht gebügelte Sweatshirts. Zum Friseur solltest du auch mal."

„Du siehst vernachlässigt aus", bestätigt der andere. „Triffst du deine Bekannte noch?"

Gert Simon dreht sich um. „Nein, ich hatte keine Lust, sie ist sehr rührig. Im Moment zieht sie um. Wir telefonieren selten. Ich soll zum Arzt gehen, sagte sie."

„Eine depressive Episode sagt der Arzt", berichtet Gert ins Telefon. „Ich soll mir Abwechslung verschaffen, arbeitsfähig sei ich nicht. Wenn es nicht besser wird, soll ich Tabletten nehmen."

„Aha", Mine rollt mit den Augen und holt tief Luft, „ist das alles?" Sie atmet hörbar aus. Gert räuspert sich und sagt traurig. „Ja, weißt du, meine Mutter ist vor zwei Wochen gestorben. Ich konnte ihr nicht Adieu sagen."

„Oh, Gert, das tut mir sehr leid. Ich erinnere mich, wie wichtig sie für dich war."

„Danke", unterbricht sie Gert und spannt seinen Körper an, damit Mine seine weinerliche Stimme nicht hören soll. „Ich kann jetzt nicht darüber reden."

„Das ist okay, kann ich dir etwas Gutes tun?", fragt Mine beinahe zärtlich. Jäh verschwimmt ihr ganzer Körper in dem ihr so bekannten, schmerzlichen

Verlustgefühl. Schnell befiehlt sie Kopf und Herz, sich zusammenzureißen. „Ich kann mir ein wenig vorstellen, wie es dir gehen muss", fügt sie hinzu und seufzt.

„Wir sollten uns wieder einmal treffen", sagt Gert vorsichtig. „Ich vermisse dich."

Einige Zeit später sitzen Gert Simon und Mine auf der Parkbank. Gert trägt ein helles Hemd unter seiner schwarzen gefütterten Kapuzenjacke. Seine Khaki-Hose ist gebügelt und sein Haar ordentlich gekämmt. Mine hat den Kragen ihres Kamelhaarmantels hochgeschlagen. Ihre gestiefelten Füße spielen genüsslich mit den bunten Ahornblättern auf dem Herbstboden. Hie und da lächelt Gert Simon. Mines fröhliche Gestalt und die lebendigen Erzählungen über ihre neue Wohnung gefallen ihm.

„Danke", sagt Gert Simon herzlich zu Mine. „Danke dir!" Mine winkt vergnügt, als sie sich auf den Weg macht. Gert bleibt noch eine Weile stehen und schaut ihr nach. Ein tiefes Gefühl der Freude umgibt ihn. Er schaut auf die Bank, dann hinauf zur Baumkrone und hinunter auf die gefallenen Herbstblätter. Er lächelt zuversichtlich, dreht sich um und geht aufrechten Schrittes davon.

3.4 Einsicht – Umsicht – Weitsicht durch ICH-KULTUR® für Gelassenheit

Mine und Gert befinden sich im emotionalen Stress. Es fällt ihnen sehr schwer, klar zu denken. Dies führt zu unüberlegten Handlungen, die sich auf die Umgebung auswirken. Eine systemische Stresskaskade beginnt.

In meinem Lebens- und Coaching-Alltag sehe ich, dass – bis auf bekannte Ausnahmen – gesunde Menschen anderen Menschen nicht absichtlich wehtun. Dennoch sind wir permanent Konflikten ausgeliefert. Dennoch werden wir emotional verletzt! Dennoch verletzen wir andere! Gewohnheitsmäßige Denkmuster, Stereotypisierungen, automatisiertes Verhalten, Machtstreben und Ängste führen zu zwischenmenschlichen Missverständnissen. Wenn diese aus dem Ruder geraten, erleben wir tief gehende Spannungen. Nichtreflexion basiert auf Ahnungslosigkeit und resultiert in Kleinkriegen und Aggression in Familien, unter Freunden und Kollegen. Unwillkürlich landen wir in Fallen, gegen die wir uns instinktiv wehren.

Wenn wir uns in emotionalem Stress befinden, reagiert unser ganzer Körper. Inzwischen ist bekannt, dass das Epigenom auf Stress antwortet. Man hat herausgefunden, dass unser Erleben beeinflusst, wie bestimmte Genbereiche, z. B. in Herz, Leber oder Haut, auf Stress reagieren. Dr. Binder vom Max Planck Institut, München, erforscht hyperaktive Stressgene. Die Hirnareale von Kindern, deren Mütter in ihrer Kindheit traumatische Erlebnisse hatten, sind angeblich schon bei der Geburt anders. Männer geben epigenetische Signale durch ihre Spermien weiter. Es ist auch bekannt, dass Psychotherapie das Potenzial hat, genregulierend zu wirken. Dies wissend, ist es aus meiner Sicht eine Verpflichtung, unser eigenes Stresspotenzial in den Griff zu bekommen. Dies kann mithilfe einer bewussten ICH-KULTUR®-Entwicklung gelingen. Wo lernen wir, mit Konflikten umzugehen? Kennen wir Mittel, um Konflikte diplomatisch zu lösen? Zeigen uns unsere Lehrer, wie das gehen könnte? Mag sein, dass wir uns hin und wieder ganz bewusst gegen Diplomatie entscheiden. Emotionale Trümmer werden zurückgelassen auf dem Feld menschlicher Unaufgeklärtheit. Möglicherweise haben wir uns mit den theoretischen Grundzügen emotionaler Intelligenz nach Daniel Goleman befasst, über DIALOG nach David Bohm bis hin zu Marshall Rosenbergs gewaltfreier Kommunikation. Vielleicht haben wir etwas über NLP erfahren oder einen Kurs besucht, der uns Konfliktstrategien beibrachte. Vermutlich sind wir angetan von den Lehren des Dalai Lama. Möglicherweise sind wir Ayurveda-Praktiken eher zugänglich. Wenden wir dort angebotene Rezepte konsistent an? Es ist äußerst schwer, nachhaltig zu wirken, wenn wir uns nicht bewusst mit von Menschen angebotenen Lehren abgeben und ausprobieren, was zu uns am besten passt für den Umgang mit inneren und äußeren Fragen oder Konflikten. Wie kann es gelingen, Respekt vor dem Unikat unserer Gegenüber zu haben, wenn wir uns nicht selbst wertschätzend begegnen? Wenn wir verstehen, dass jeder Mensch seine eigene Welt im Kopf hat, dass kein Hirn gleich funktioniert wie das andere, kann uns Andersartigkeit faszinieren. Mir geht es so. Die Vielzahl einzigartiger prägender Einflüsse, der jeder Einzelne ausgesetzt ist, formt unser Denken. Auf seine ureigene Weise nimmt jeder der sieben Milliarden Menschen wahr und verarbeitet Eindrücke. Welche Ressourcen habe ich und kann ich nutzen, wer möchte ich sein und wohin möchte ich gehen, sind typische Fragen, die meine Klienten in jedem Typ und jeder Ausprägung einer Coaching-Begleitung gewöhnlich stellen. Die ICH-KULTUR® enthält Talente, Potenziale und Schicksalseinflüsse. Vor allem aber ist sie ein Modell für die Nutzbarmachung unserer Ressourcen für unser gutes Leben. Durch Einsicht, Umsicht und Weitsicht dürfen wir entscheiden, wie wir sein möchten, und können fortan unser ganzes Leben lang an unserer ICH-KULTUR® arbeiten. Wir allein tragen die Konsequenzen dieser Entscheidung. Wenn wir dies verstehen, können wir uns bewusst für den Pfad der gesunden, warmen Gelassenheit entscheiden. Bewusste Entscheidungen auf der Basis einer klaren ICH-KULTUR® können zu weniger Schuldgefühlen führen.

Mine und Gert Simon leben zunächst weitgehend unbewusst mit ihrer bisherigen ICH-KULTUR®. Schicksalhafte Einflüsse, die teilweise selbst induziert sind, bringen sie aus dem Gleichgewicht. Ihr gedankenloses Verhalten zwingt beide, sich unerwarteten Herausforderungen zu stellen. Gert Simon gewinnt Einsicht durch zufällige Begegnungen mit empathischen Menschen, die er als Bereicherung sieht. Er erkennt, dass seine Freunde ihm nicht neutrale Berater sein können. Sein Wutgefühl kann er noch nicht ablegen, sein Feingefühl nimmt er noch nicht bewusst wahr. Starr verhindert sein hartnäckiges Pflichtgefühl eine echte Selbsterkenntnis. Gert Simons Umsicht und Weitsicht warten noch, bis sie ihren evolutionären Charakter entfalten können. Hierzu müsste er mit dem freundlichen Herrn an seinen ICH-KULTUR®-Variablen arbeiten.

Mine kann sich selbst etwas besser kennenlernen, indem sie sich Unterstützung von außerhalb ihres Systems sucht. Die Fragen des neutralen Begleiters, ihres Coachs, verlangen Antworten. So kann sie Stellung beziehen. Ihre positive Einstellung, ihr Lernwille und der zurückgekehrte Mut lassen sie an ihre Selbstwirksamkeit glauben und neue Selbstsicherheit gewinnen. So kann sich ihr liebevolles Wesen zeigen. Durch die sich langsam vertiefende Einsicht wird sie umsichtiger. Sie lernt über die Auswirkung unerfüllter Bedürfnisse und ihre Stressoren. Aus dieser Einsicht kümmert sie sich mehr um ihre Mitarbeiter. Jetzt hat auch Weitsicht im zwischenmenschlichen Bereich eine Chance. Ihre negativen Gefühle, ihr hohes Abschlussbedürfnis und ihr ungeduldiges Wettbewerbsstreben erlauben ihr noch nicht, das Beziehungsdilemma mit ihrem Mann anzugehen.

Weder Gert Simon noch Mine haben es bisher geschafft, eine Gelassenheit zu entwickeln. Sie sind erst am Anfang der Erkenntnis ihrer jeweils dysfunktionalen Muster. Wir werden ihre Entwicklung weiter begleiten. Zeit und Aufmerksamkeit sind die Paten der ICH-KULTUR®. Empathie ist ihr Lehrmeister. Achtsamkeit ist ihr Resultat. Sie drückt sich in liebevollem Umgang mit uns selbst aus und in respektvollem verbalen und non-verbalen Umgang mit dem anderen.

3.5 Beispiel der praktischen ICH-KULTUR®-Entwicklung im Alltag von Mine

Mine ist eine offene Person mit dem Willen zur Veränderung. Ihre Lebendigkeit leidet, weil sie unzufrieden und unglücklich ist. Sie weiß, wenn sich ihre Situation verbessern soll, muss diese anders werden. Sie weiß auch, dass sie selbst aktiv zu dieser Veränderung beitragen muss, statt auf irgendeine Lösung zu warten. Weil sie nicht weiß, was sie wie verändern könnte, sucht sie sich einen IPC®-Coach. Dieser arbeitet nach dem ICH-KULTUR®-Konzept.

Initiale Schritte
- Stressreduktion
- lebendiges Leben und Lebensskript
- Entwicklungspfad zur Gelassenheit

Erst wenn Mine erkennen kann, was die Wurzel ihrer Unzufriedenheit ist, kann sie sich für mögliche Lösungen entscheiden. Der IPC®-Coach möchte Mine helfen, mit dem momentanen Stress umzugehen. Dazu muss er wissen, ob dieser das Resultat aus Prägungen und Sozialisation ist, aus einem Zusammenspiel ihres Temperaments und ihrer BIG FIVE herrührt oder aber ob ihre Kultur-Variablen maßgeblich dazu beitragen. Er befragt sie nach bestimmten Schicksalseinflüssen. Aufgrund seiner Beobachtungen zu ihrer Persönlichkeit gibt er ihr Feedback. Dieses kann sie aufgrund ihres Eigenbilds bestätigen oder erklären, warum sie anderer Meinung ist. Mine ist offen für ihr Fremdbild. Ihre Gewissenhaftigkeit und ihre balancierte Außenorientierung sowie ihr grundsätzlich verträgliches Wesen unterstützen ihre Aufnahmebereitschaft. Im Moment ist sie jedoch extrem reizbar. Dies führt zum Tunnelblick und zu mentalen Allergien. Der Coach erkundigt sich nach ihren Gefühlen, ihrem emotionalen Stress. Sie nennt Ärger, Angst und Hilflosigkeit.

Für die Stressbewältigung bedient sich der Coach zunächst der „Multiplen Intelligenzen", indem er durch diese einen Zugang zu einem Perspektivenwechsel für Mine sucht. Er stellt Mine mit geschlossenen Augen in den Garten und lässt sie Vogelstimmen lauschen. Mine lässt sich ein und erkennt, dass sie ihre Zuneigung zur Natur und damit zu sich selbst verloren hatte. Lach-Yoga, Atemtechniken und sonstige Entspannungsübungen als Stressbewältigungsstrategie ohne kognitive Arbeit wären für Mine zum momentanen Zeitpunkt ineffektiv. Im nächsten Schritt erklärt der Coach Mine einige ICH-KULTUR®-Variablen. Sie erkennt, dass ihre starke Aufgabenorientierung sowie ihr hohes Abschlussbedürfnis und die damit verbundene Ungeduld für sie zu einem Fallstrick geworden sind. Weil Mine gerne lernt, erklärt ihr der Coach das Kernquadrat nach Daniel Ofman. Hierdurch erkennt sie, dass die Übertreibung ihrer Kernqualität (Aufgabenorientierung) zu einer Allergie für ihre Mitarbeiter geworden ist. Die Kernqualität ihrer Mitarbeiter, nämlich deren Beziehungsorientierung, ist für sie eine Herausforderung. Dieses Ungleichgewicht führte zu negativen Gefühlen im Team. Im nächsten Schritt fragt der Coach Mine nach ihren Bedürfnissen. Was braucht sie und was brauchen die Mitarbeiter? Mine lernt, sich in ihr Team hineinzuversetzen. Im Sinne des Philosophen Martin Buber wird ihr bewusst, dass das dialogische Prinzip nicht nur im interpersonellen Miteinander, sondern auf jede geschäftliche Organisation angewandt werden kann. Menschen brauchen gute menschliche Beziehungen und eine Kommunikation des Verstehens, trotz möglicher Zieldifferenzen. Die Gehirnforschung belegt dies. Mit einem einfachen System des „Brain-to-Brain-Coupling" erklärt Uri Hasson, National Institute of Mental Health, USA, wie Verstehen aus der Sicht der Neurowissenschaft funktioniert. Wer eine gemeinsame kommunikative Schnittmenge im Dialog mit anderen findet, kann in Resonanz mit den anderen gehen. So besteht für alle die Möglichkeit, zu verstehen und verstanden zu werden.

In der Reflexion erkennt Mine, dass sie voll und ganz verantwortlich ist für den Umgang mit ihren Stressoren. Sie entscheidet sich, ihren Mitmenschen öfter Fragen zu stellen. So würde ein dialogischer Austausch entstehen, wodurch jeder wichtige Informationen über die Bedürfnisse des anderen erhalten könnte. In der Folge könnte sich ihr Gehirn besser auf diese Menschen einstellen. Ihre Mitarbeiter und sie selbst wären so motivierter für ein gutes gemeinschaftliches Miteinander. Das Verhältnis zu ihrem Mann ist schlecht. Dennoch entscheidet sie sich bewusst, erst an einer Verbesserung im beruflichen Team zu arbeiten. Mit ihrem Coach übt sie den 180°-Blick für mehr Einsicht und Umsicht. Eines Tages durchqueren beide Mines Produktionsräume. Dort bittet sie der Coach, von einem Standpunkt aus eine Minute lang auf die Mitarbeiter zu schauen. Er werde dasselbe tun. Dann fragt er nach drei besonderen Auffälligkeiten. Mine nennt drei, der Coach nennt ebenfalls drei. Alle sechs unterscheiden sich. Es wird ihr bewusst, dass alle Menschen anders wahrnehmen und dass das, was sie wahrnehmen, von einer bestimmten Bedeutung abhängt, die sie ihr beimessen. Als der Coach die Inferenz-Leiter nach Chris Argyris erklärt, erkennt Mine, dass die Urteile, die wir fällen, manchmal Resultat unserer eigenen Vorstellung sind und nicht der Wirklichkeit des Gegenübers entsprechen. Die Psychologie nennt dies Konstruktivismus. Diese Wirklichkeit hat auch Auswirkung auf unsere Kommunikation. Hier und da erwähnt der Coach GFK. Gewaltfreie, respektvolle und dennoch deutliche Kommunikation nach Marshall Rosenberg kann man lernen. Mine möchte hierzu bald einen Kurs belegen.

Fleißig beschäftigt sich Mine mit ihren Themen. Nach circa 5 Sitzungen hat Mine sich wieder besser im Griff. Sie wird gütiger mit sich selbst. Ihrem neuen Bekannten Gert Simon ist sie eine fürsorgliche Freundin. Die Biologie kennt die Wirkung liebevoller Güte in unserem Körper. Das Neuropeptid Oxytocin wird ausgeschüttet und trägt laut Studien zu Deeskalation und mehr Vertrauen bei. Mines ICH-KULTUR® beginnt sich zu verändern. Ihr Coach bespricht weitere Kulturvariablen mit ihr. Nun lernt sie, mit ihrer Lebenszeit anders umzugehen, sich bewusst für besondere Erlebnisse innerhalb bestimmter Zeitfenster zu entscheiden. Besondere Erlebnisse sind für sie, ohne Telefon am Fluss zu liegen und die Füße vom Wasser umspielen zu lassen. Ein besonderes Erlebnis ist für sie, mit einer Freundin um vier Uhr morgens am Waldrand zu sitzen und den Sonnenaufgang zu betrachten. Sie entscheidet überdies, den Abläufen ihres Geschäftsalltags mehr Disziplin einzuräumen. Pausen und Feierabend ab achtzehn Uhr hält sie ein. In der Mittagspause geht sie in den Park, dort trifft sie hin und wieder ihren Freund Gert Simon. Zur Disziplin gehört auch, dass sie Gert Simons Probleme nicht zu den ihren macht. Sie lernt, Grenzen zu setzen. Ihre Vorstellung vom Leben ändert sich unweigerlich. Sie wird nachsichtiger und fühlt sich lebendiger. Menschen, die sie zuvor gemieden hätte, erlaubt sie ein Näherkommen. Aktiv gestaltet Mine jetzt ihr Leben. Sie lächelt mehr und geht am Abend zufriedener nach Hause. Im Hintergrund stellt der Coach weiter Fragen. Antworten findet Mine nicht immer sofort.

Eines Tages fragt sie der Coach wieder einmal nach ihren Werten. Beim ersten Mal, als er danach fragte, war sie noch nicht fähig, ein Wertegebäude zu bauen. Nun kann sie ihm ihre Version des Wertegebäudes präsentieren.

Die Zeit steht auf einer Seite ihres Wertegebäudes. „Zeit ist Leben", hatte der Coach gesagt. Wie wertvoll ist ihr Leben? Erstaunt über diese Frage hatte Mine zunächst keine Antwort. Nun möchte sie eine Antwort finden. Weil ihr die Natur Zugang zu sich selbst verschaffen kann, schlägt der Coach einen Walk-about-Tag vor. Ihr Entwicklungspfad zur Gelassenheit kann jetzt beginnen.

Mine und ihr Coach gehen auf einen Walk-about im ursprünglichen Lechtal, jenseits des Bodensees und entlang der Grenze zwischen Deutschland und Österreich. Ausgestattet mit acht Fragekarten wandert Mine allein durch das spärlich gefüllte Flussbett des Lech. Sie sitzt auf Steinen, watet im Wasser. Manchmal legt sie sich flach auf ein trockenes Kieselbett. Lange genießt sie die wundervolle Natur, schaut einer tiefblauen Libelle nach und den in der Sonne segelnden Greifvögeln über ihr. Der Schrei eines Bussards und das Plätschern des Wassers erinnern sie an die Spielstätten ihrer Kindheit. Sie fühlt sich geborgen und glücklich. Irgendwann ist sie bereit, sich mit den Fragekarten des Coachs zu befassen. Überrascht erkennt sie, dass sich ihre Haltung verändert hat. Was ist heute Zeit für sie? Hat sie Zeit nicht immer als Instrument für die Organisation ihrer vielfältigen Aufgaben gesehen? Zeit als Verfügbarkeit im Terminkalender. Ihr Lebensmotto „Erfolg krönt das Leben in Unabhängigkeit und Selbstständigkeit" muss sie dringend überdenken. Ebenso ihr Verständnis von Leistung. Bisher waren ihr Menschen immer sympathischer, die ihre eigene hohe Leistungsorientierung deutlich gezeigt haben. Sich selbst bewertet sie ausschließlich nach Leistung und äußerem Auftreten. Wenn sie gute Leistung bringt, ist sie etwas wert. Doch wer ist sie innerlich? Sie erkennt sich nicht wieder. Welche sonstigen Werte sind ihr wichtig? Da ist noch das Thema Harmonie. Wie passen Leistung und Harmonie zusammen? Bei Zwisten strengte sie sich bisher an, unter allen Parteien so schnell wie möglich ein Harmoniegefühl zu erreichen. Auf Kosten der Wirklichkeit? Ihre gesamten Werte sind plötzlich auf dem Prüfstand. Welche anderen Werte hat sie noch, steht auf einer Karte. Nach zwei Stunden trifft sie ihren Coach. Sie sitzen auf der Bank vor einer einsamen Hütte bei Wasser und Nüssen. Mine erzählt. Tränen der Rührung fließen über ihr Gesicht. Der Coach lächelt. Dann macht sich Mine mit nur einer Karte auf in die andere Richtung. „Was bedeutet Erfolg für mich, bezogen auf mein ganzes Leben?"

Der Walk-about im Lechtal ist für Mine zunächst der Höhepunkt ihrer Entwicklungsreise. So nennt sie inzwischen die Zusammenarbeit mit ihrem Coach. Gelassenheit ist das Ziel. Sie weiß, dass sie nur mit beständiger Arbeit dieses Ziel erreichen kann. Doch sie ist zufrieden mit sich selbst. Jetzt kann sie im Alltag die vielen kleinen Tools anwenden, die ihr der Coach zeigte. Vielleicht entwickelt sie auch ihre ganz eigenen je nach Situation und Notwendigkeit. Die Bekanntschaft mit Gert Simon hilft ihr, ihre neuen Verhaltensformen anzuwenden. Der Coach im Hintergrund fungiert als neutraler Resonanzboden, der sie dabei unterstützt, ihre neuen Lebenspraktiken zu überdenken und umzustellen.

3.6 Wie ICH-KULTUR® zu einem glücklichen Leben beitragen kann

Wenn Veränderungen unausweichlich vor uns stehen, werden wir gezwungen, uns aus einer Komfortzone zu bewegen. Uns bleibt nichts anderes übrig, als uns den vielen Gedanken zu stellen, die durch Veränderungsphasen auftreten. Gewohnheiten stehen plötzlich auf dem Prüfstand, möchten neu bewertet werden. Wer einen Umzug hinter sich hat, kennt die Situation einer Neubemessung. Nicht nur haben Möbel plötzlich einen anderen Platz, der Lichteinfall in der neuen Wohnung ist stärker oder schwächer, der Weg zur Arbeit führt durch den Wald oder eine stauanfällige Bundesstraße. Die Nachbarn sind neu, unser Lieblingsbäcker ist nicht mehr leicht erreichbar. Die Vögel zwitschern anders. Neue Gerüche umgeben uns. Nichts ist wie es einmal war. Mit der neuen Situation müssen wir umgehen. Manchen gelingt dies scheinbar spielend, für andere ergeben sich unerwartete Herausforderungen. Ob wir über Veränderungen glücklich sind oder nicht, hängt von vielen Faktoren ab. Hierzu gehören äußere Einflüsse, unsere Persönlichkeit, unser Temperament, unsere Ziele und Erwartungen und unsere mentale Stärke. Diese ist verbunden mit der Fähigkeit, sich elastisch und flexibel an neue Situationen anzupassen und sie kreativ mitzugestalten. Wer genau hinschaut, erkennt, dass zumeist wir selbst die Initiatoren von Veränderungen sind. Es sind unsere Bedenken und Ängste, die uns in Veränderungsphasen vor kreativen Schritten zögern lassen. Die Angst vor dem Unbekannten, Verlust- und Versagensangst können andere negative Gefühle nach sich ziehen. Ärger kommt ins Spiel. Sie ist für mich die Schwester der Angst. Neue Situationen haben immer Stresspotenzial. Selbst ein so positives Ereignis wie Heirat, eine neue Arbeitsstelle oder Kinderkriegen kann sich durch die damit verbundenen unbekannten Auswirkungen zu ungeahnten emotionalen Herausforderungen entwickeln. Die Wachheit unseres Selbst und die Bewusstheit über unsere Bedürfnisse, über unsere Vorlieben und Stressoren können uns unterstützen, unsere Gefühle in den Griff zu bekommen und mental widerstandsfähig zu werden. Wenn wir dies schaffen, können wir mit Empathie und Mitgefühl auf den anderen eingehen.

Alle Gefühle gehören zum Leben. Ärger, Angst und Trauer zeigen sich, wenn nicht behandelt, als emotionaler Stress. Wir können negative Gefühle nicht eliminieren. Im Kleinen kann man sie täglich finden als Zwist zwischen Kindern und zwischen Kindern und Erwachsenen. Innere Konflikte werden leicht zu Seelenschmerz. Von Schulhof-Rangeleien, über schlechte Stimmung unter Kollegen, zwischen Mitarbeitern und Vorgesetzten, bis hin zum politischen Weltgeschehen ist emotionaler Stress beobachtbar. Die Unfähigkeit, mit negativen Gefühlen angemessen umzugehen, resultiert in Missgunst, Groll und Streit und im schlimmsten Fall in Verachtung für unsere Mitmenschen. Wenn wir in emotionalem Stress sind, ist es schwer, gelassen zu bleiben und gewaltfrei zu kommunizieren. Manchmal werden wir zu trotzigen Angreifern, ein anderes Mal verharren wir in starrer Regungslosigkeit. Trauer und Schuld als negative Gefühle haben noch eine andere Qualität. Als Seelenschmerz gehen sie zunächst nur nach innen, zeigen sie sich nicht im Außen oder werden manchmal intentional versteckt. Manchen Menschen gelingt dieses Maskenspiel so gut, bis sie eines Tages die Kontrolle über sich verlieren und seelisch zusammenbrechen. Ihr Dilemma ist übergroß geworden, und sie sind emotional und körperlich ausgebrannt.

Wie kann es unser Ziel sein, positive Gefühle für uns selbst und andere zu generieren? Gute Gefühle machen gute Stimmung und führen zu maximaler Lebendigkeit in diesem bestimmten Moment. Gute Stimmung steckt an. In einer Gemeinschaft sind wir alle verantwortlich für deren gelingendes Zusammenspiel. Aktiv für frohe Gedanken zu sorgen, könnte ein Motto sein, statt in oberflächlicher Ablenkung, z. B. durch Partyexzesse, nur kurzlebige gute Gefühle zu suchen. Indem wir uns selbst kennen und eine ICH-KUL-

TUR° entwickeln, die dem Wettbewerb und den Herausforderungen unseres Lebens standhaft ins Auge sehen kann, gewinnen wir an Selbstsicherheit und können verantwortungsvoll und mit lebendiger, warmer Gelassenheit unsere Gemeinschaft gestalten. ICH-KULTUR° lässt uns unsere inhärente und die äußere Diversität verstehen. Weil jedes Individuum einzigartig ist, ist kein Lebensweg vergleichbar. Zu viele Faktoren fließen in unsere persönliche Kultur ein, und somit ist für mich auch ein Lebensskript nicht bewertbar. Schicksalseinflüsse, wie Herkunft, Gesundheit und Umgebungsfaktoren haben herausragenden Einfluss auf die Entwicklung von Gehirn und Persönlichkeit. Ob wir unsere multiplen Intelligenzen als Potenziale nutzen oder nicht, liegt in unserer Verantwortung für unser einmaliges Leben. Wie wir mit dem anderen umgehen, hängt von unserer Bewusstheit über unsere Kulturvariablen und Werte ab, von der Zeit für Reflexion und von unserem Willen für die Gestaltung unseres Selbst und der Gemeinschaft.

Als IPC°-Coach nutzen wir die Kenntnis über die ICH-KULTUR° erfolgreich bei internationalen Führungskräften, im Konfliktmanagement und in der beruflichen Orientierung. Jemand hatte einmal die Idee, Menschen nach der Aufschrift auf ihrem Grabstein zu fragen oder sich eine Geburtstagsrede zum runden Geburtstag vorzustellen. Ich besuchte eine Weiterbildung, in der die Teilnehmer anderen lauschten, die sich an ihrem virtuellen Sarg über sie austauschten. Überall geht es um Fremdbilder. Menschen lernen zumeist, sich durch die Konfrontation mit ihrem Fremdbild mit ihrem Selbstbild zu beschäftigen. Die ICH-KULTUR° betrachtet zunächst nur das Selbstbild. Hier kann man Faktoren seines Selbst untersuchen und seine Stressoren kennenlernen, den Umgang mit dysfunktionalen Gefühlen probieren und schließlich einen festen Stand erreichen. Diesen repräsentiert in meinem Coaching-Garten eine freistehende gehämmerte Sandsteinsäule. Wege in alle vier Himmelsrichtungen führen zu ihr und von ihr weg. Wenn ein Klient zum ersten Mal auf sie trifft, entzündet er eine kleine Öllampe an ihrer Spitze. Solange sie brennt, geht er symbolisch spazieren und entscheidet sich dann für seinen Weg. Den Weg gestaltet er fortan auf der Basis seiner ganz individuellen Herausforderungen. Seine bewusste ICH-KULTUR°-Entwicklung beginnt. Ich bin sicher, dass er trotz der Herausforderungen und traurigen Momente, die das Leben bringt, seiner Sehnsucht folgt, glücklich zu sein. Ich wünsche mir für alle Menschen ein Schul-, Ausbildungs- und Weiterbildungssystem, in dem wir praktisch angehalten werden, unsere ICH-KULTUR° zu entwickeln, mit dem Ziel einer gewaltfreien, lebendigen und diversen Gesellschaft in gegenseitiger Verantwortung. In „Zuversicht durch ICH-KULTUR°" lesen Sie, wie es mit Mine und Gert Simon weitergeht.

4

The Presence Walk-About, A-Whole-Being-Experience

G: It's a pleasure to have this interview and I'm really looking forward to it. I think it's going to be a fun conversation.

J: **The Presence Walk-about in the desert of New Mexico has been one of my perfect experiences of bliss. Because, when I experienced it, I could learn a lot about myself, which helped me in my further life. So, when you created the walk about what was the most important objective for the walk about to you?**

G: The goal for me and the intention that I hold with the Walk-about (see spelling) is to create an opportunity for the people to experience coming fully present to themselves and connect with the amazing and clear knowing that each of us is capable of. I think we are so busy all the time in our lives that there are so many distractions and then, of course, multiple voices inside us, as well as those from the outside world. In the WA there is the opportunity to really tune in to the center of who the person is. So, that they can really listen to their own internal knowing for themselves and be able to discern what is next for them; to be able to gain that crystalline clarity that we feel in our entire body.

J: **And about bliss. I mentioned that I felt enormous bliss when I was in the WA and also in the end when I realized I had gained insight. May I ask you, have you experienced this yourself during a WA?**

G: Well, I don't think I experience the same thing as the people that are on a WA, because, I have in a different role. My role is to help to create and hold the space for people to be able to have an experience where they can go in and listen to themselves, reconnect with themselves and have that feeling that comes with being totally present in the moment. You said you felt bliss when you had that connection with yourself. My experience in the WA is one of holding the space and helping to create that opening for people to have that experience and that connection. If you are interested in what my experience of bliss is, I can speak to that.

J: **Sure, let me first ask you about your role during a WA. Are you a facilitator or how would you name your role during a WA?**

G: I think I would use two words. One would be a facilitator from the root word "facil – to make easy". So, one role is making it easier for people to reconnect with their own center – facilitating that experience. I would also use the word guide. I have walked in the places that we visit during a WA. I've explored the nature of each of those places and the kinds of experiences that those places offer to people, and so I act as a guide in terms of where we go, and what order we go in. I also act as a guide, in listening for what is unfolding for the other person, and then offering them different kinds of activities, reflections or practices based on what's happening for them, all to help to support the connection that they are seeking with themselves. Usually, people also come seeking clarity, so I'm also helping to facilitate or to guide them in that sense. But in the simplest terms, it is really listening and responding to what they are experiencing and needing in each moment.

J: **That's how I perceived it, even though you must have experienced yourself certain places within or around the land that gave you some insight or that offered you some possibilities; otherwise you wouldn't regard them as being helpful to your coachees.**

G: Yes, and that is part of the way that I walk on the land. It is to be noticing the particular energy of a place. I think of different places almost like tuning in forks that strike different notes. Yes, I have my own personal experiences of going walk about in the different places by myself and noticing what the different places offer. And then, based upon the experience that I have had personally, I offer those places to people. I take them to these places, because I feel it would be helpful to the individuals. And then I listen and notice how people respond to being in different places, that also becomes part of the knowing that I use to be able to guide the WA.

J: **From what you're saying I get that you're using a lot of your sensing, may be intuition. Intuition, we know comes from experience, but you seem to use your sensors for tuning into the land and the environment. It seems you are not doing it from a perspective of rational thinking but of feeling into it. Is that correct?**

G: Yes, exactly. It's not a rational knowing. You know, the intellect is very useful, and this particular knowing that comes forward in the WA is what I believe most people would call intuitive knowing. And just to be clear, I'd like to define this word a little bit. The way I use the word intuition. Intuition is about tuning in to the underlying structure that exists in our world. So, I would say that what I'm doing is tuning into the underlying structure of different places and sensing them. I'm sensing the energy of the place. I'm sensing what it opens up inside of me when I'm there, and then I do make an assumption that it will also offer the possibility of opening a similar space for other people.

J: **Great. Yes, that's how I perceive it myself when I'm around you. However, have there ever been people who could not connect with that kind of tuning in?**

G: I have not experienced anyone that could not connect, of those come to a WA. Now, I think that when people show up for a WA they have already in some sense self-selected into a particular group. I'm sure there are people in the world who would not connect, simply because for them at this point in time it is not useful for them. I think that they could connect. I don't think it's a matter of ability, I think it's more a matter of what serves the person at any particular moment. People who come to the WA have chosen, consciously or unconsciously, a way to give themselves this particular experience. Therefore, at some level they are open to have this experience and make that connection.

J: Thank you so much.

So, coming back to bliss, I remember walking around in one of those places feeling enormously happy and that sacred connection to who I was, no matter in which place I walked. May be that was also, because back then, I was highly sensitized. So, when highly sensitized people come to your place and you serve as a connector to that place, what does it do to you when you feel people are so grateful and appreciative? Does that create bliss to you or what would you call what you feel based upon their appreciation?

G: I don't think I would call it bliss. That's a different experience for me. What I feel is awe and wonder at what people experience when they become fully connected with themselves. Gratitude would be another feeling that I experience because I feel I am witnessing something sacred. And I know that I am helping to create the possibility that a portal will open for people and they will connect. I know that I'm a part of that but I also am fully conscious that it is the person that's doing this for themselves and my role is to support their experience.

So when I witness it happening for somebody, I'm just in awe, wonder and gratitude to life that this experience is possible for people and I am able to play a part in it.

J: Would you call this a spiritual experience?

G: I think it depends on what you mean by spiritual. I would call it a whole being experience. For me that includes the spirit and the emotions, the physical body and the mind. So it is a whole-being experience and spirit is a part of it.

J: Thank you so much. This is very helpful for me and the readers of this book, because, at least here in Germany, people strive to get insight by a click. The WA to me wasn't hard work, but it was energy consuming and deeply affecting. To me it wasn't like walking on air, it was very deep. You are doing a very valuable work by just being there and asking the questions that seem to matter. So let me ask you, how do you know which questions you are going to ask people?

G: I think there are at least 2 aspects to that. The foundational structure for the WA is for people to visit a few different places. I rely on the place itself and the connection of the person with the place to open a particular experience for that person on an energetic level. Based on my experience of the place I have a series of questions and practices that I know will reliably help people to connect the essential nature and gifts of the place. There are some questions that I know work for each place. So that's one aspect of it. The other aspect is really listening into the person. And that listening is not necessarily at a verbal level. Some of it might be questions that I ask and I listen to what it is the person is saying. At other times it may be listening in to the whole of my experience with the place and the place with that particular person. And I am listening for that intuitive knowing, to tap into the structure of what is present and see what is needed. That is very much an in the moment listening and I trust what comes to me. I trust what I hear, when I listen in that way. So that's another in the moment source for me in terms of what form my guiding takes.

J: Thank you. So, would you regard yourself as a psychic?

G: No. I don't like to use these kinds of words, Jutta, because I think people have so many different definitions of them. Sometimes they are imprecise labels. No, I would not characterize myself in that way.

J: Let me ask you, Glenna, have there been experiences in your life that have impacted who you are in a big way or that led you into a different direction?

G: Yes. But I don't think there have been specific experiences that have led me into a particular direction. Many have influenced me, but the shift in direction may not show up for some times, sometimes years later. So, it's not always an in the moment, "oh, aha, now I see I should be doing this instead of that".

I have had moments that have dramatically shifted my consciousness in the moment and then the external changes will manifest over time. Let me give you an example. This was a time in my life where I did have an experience that is actually a bit similar to what I think happens for some people on the WA, in terms of gaining a degree of clarity that then results in action.

I was 39 and I had been working in the corporate world for a number of years. One day I felt the impulse to sit down at my kitchen table and reflect on my life. I asked myself the question: "Do I want to be doing what I'm doing 15 years from now?" And the answer was immediate. It was not intellectual. It was like an answer that came out of my body, and it was "No." It was not "No, this is a terrible thing to do or I am unhappy with this work". It was simply "No, this is not what you're going to be doing in 15 years". My sense was that if this is not something I want to be doing in 15 years then perhaps I should stop doing it now and ask myself "What is it that is a better use of who I am in the world?" And there was a knowing that ‚closing one door' would help to open the space for whatever wanted to emerge next.

It was not a logical decision at all. I didn't ask myself "What are the pros and cons of where I am in my life?" Rather the quality of the "No" was more a recognition that "This is not the best use of who I am". It was the nature of this immediate knowing that I said to myself "Well then let's stop doing this", and turn to "What could be discovered, what would be a better use?" This knowing came from my gut, from my body, which does not do logical analysis. I believe that some people have that kind of clarity that comes to them when they are in a WA. It's not what they sit and think about a dilemma. Rather when they carry a question with them and then connect with themselves, they connect with the source of knowing inside themselves that gives them clarity around their question. It's not an intellectual process. But the clarity permeates their entire being.

4 The Presence Walk-About, A-Whole-Being-Experience

J: **This is very interesting, to me you appear a person who knows exactly what needs to be done and what cannot be done. At least at first glance, you give other people the idea of a pillar or a rock in the ocean and can still move.**

G: Yes, I am all of those things and here is something critical to understand. When I am guiding, I am grounded in a place of not knowing. When I'm fully connected, I am listening in each moment to what needs attention. I don't listen from a perspective of knowing as in "I know how to solve this problem, based on my past experience, knowledge, and skill." I listen from a place of not knowing, holding the question and listening deeply. It all hinges on my ability to be present and listen in the moment – this is what I offer when I am guiding a WA.

J: **That's wonderful. Thank you. Here is another question. I'd like to come back to your role. You are a facilitator, a coach, or rather a guide?**

G: I would say listener and guide are probably the most accurate, whereas guide is as close as it can get; a guide to support people in connecting fully with themselves and their own knowing. Listening in the moment is the practice.

J: **About yourself. What does your work give you in terms of joy and consolation about the world's problematic happenings?**

G: I don't think I'm consoled. I'm gratified by the presence of a growing capacity for a level of consciousness that is able to live in the reality that we live in. To be able to shift the way we look at things, without denial or anger, flight or fight. But rather, to be able to welcome all that arises, as information about what is needed to move towards wholeness. I regard this as very fine distinction of how we look at things, and, a significant shift of consciousness. It's very challenging. If we are not able to shift our consciousness and be present to the whole without negatively judging one another, then our actions will create more separation in our world rather than healing and wholeness.

J: **What gives you joy?**

G: When I am fully present in the moment and I know myself connected to all of life. It comes from a sense of unity with all there is. There are times during a WA when I might feel that. Joy is always for me the result of feeling fully connected with all life, then I feel grace. I don't feel that all the time.

J: **Thanks for sharing this. I got to know you via DIALOGUE and you incorporate this in your walk about. How did you come about the "American Indian Teachings" that you also work with?**

G: I call all of these ways of working "frameworks". Whether they are associated with DIALOGUE, quantum physics, medicine wheels, buddhist dharma, religious teachings, sacred geometry, and so on. What all these different "maps of consciousness" or worldviews share is that they were created by people over millennia to provide ways for us to order our experience of reality and make meaning in a way that helps us live more fully and joyfully.

I choose different frameworks to work with depending upon what's happening and what I think will be useful. The walk about is a particular process that is very much grounded with nature. So, the native american frameworks based on the natural world are often resonant with, and useful ways of making meaning, during the WA. Then in addition to the frameworks, there are many practices: reflective inquiry, walking meditations, journaling, movement, visualization, poetry, art etc., that are available.

I've come to these different frameworks in the same way I have come to all the important choices in my life. At any given time, there is a context I am living in. And, I set an intention to listen for what is needed now and a set of teachings and/or a teacher or an experience emerges. For example, I had known of the "Origin Teachings" of the delicate lodge for many years, yet it was a given set of circumstances that precipitated my knowing that I was to sign up for a 2-year program in 2010. There was no rational reason. I made a choice of standing in the unknown, based solely on a strong "yes" that emerged within me. Only later did I come to understand the "why" or specific gift of those particular teachings and why they were important in my life at the time.

So, you can see that ultimately there is a high degree of trust in our own knowing and our relationship with life that is guiding us.

J: **So, let us get back to your job. Would you call it your inner calling?**

G: I don't know what you would call it. I think I would use language associated with DIALOGUE and say that there is something in the implicate, and as yet invisible, order that is wanting to unfold into the explicate or manifest reality, and I am moved to be an active participant in that unfolding. That is very abstract language. Yet, I believe it points to my experience of reality. That what is wanting to unfold through each of us is a unique manifestation of who we are and how we fit and dance within the whole of Life. When we feel it, it can be compelling and exciting. Sometimes there is sudden clarity. Sometimes we come to understand over time how our lives have been leading up to and into a particularly kind of work. Perhaps this is what some refer to as their calling. Maybe it is the unfolding of this knowing or calling that moves us toward and into certain activities, work, and relationships, and expresses our contribution to this miraculous mystery that is life.

The work that gives my life the most meaning takes many form. Yet, ultimately, all are focused on supporting individuals and groups in opening to the sacredness of who we each, and all, are – in seeing the illusion of separation for what it is – an illusion – and moving to the knowing and joy of connectedness with ourselves and with all life.

J: **If you talked to somebody who has no relationship to the "knowing" how would you label your life and work.**

G: I might us the word "worldview" or "cosmology". They both describe ways we think about and make meaning of our realities. There is not a specific popular cosmology or worldview that defines the way I make meaning in this world. I have experienced many and I've learned from all of them. If I had to pick a few words that describe my experience of what I believe all of the cosmologies or worldviews are actually pointing towards, the words are "Unity Consciousness" or "The Interconnectedness of All Life". I'm well aware that whenever we use language, we focus on something and exclude something else. Language can never hold the fullness of our experience, but it can point towards that which is "ineffable" (without words), a nameless yet awe inspiring quality of being.

J: **Thank you so very much for this wonderful interview.**

MY PLEASURE JUTTA ... THANK YOU FOR THE OPPORTUNITY TO ARTICULATE SOME OF WHAT LIVES IN MY HEART, BODY, MIND AND SPIRIT.

5

The Presence Walk-About, ein Körper-Seele-Geist-Erlebnis

Ein Erlebnisbericht mit der Zusammenfassung des Interviews mit Glenna Gerard

Videocall an einem späten Sonntagnachmittag in Heidelberg und einem Septembermorgen in Ojo Caliente, New Mexico. Ich schätze diese fantastische Technologie hoch, seit sich die Qualität drastisch verbessert hat. Wenn man sich so lange kennt, wie Glenna und ich, sind geografische Distanzen durch Videocalls leicht zu überwinden. Beim Anblick Glennas und dem Zimmer ihres Hauses im Adobestil steigt in mir eine warme Sehnsucht auf. Sie werden dies beim Lesen dieser Zusammenfassung verstehen. Glenna ist mehr als eine vertrauensvolle Kollegin und Freundin – viele tausend Meilen entfernt. Für mich verkörpert sie eine tief gehende Verbundenheit mit der Natur und allem, was ist. Nirgendwo sonst in meinem Leben konnte ich mein ursprüngliches Wesen als Teil des Lebens auf diesem Planeten auf eine so eindrückliche Weise wahrnehmen wie auf meinem „Presence Walk-about" mit Glenna in der Wüste New Mexicos. In stundenlanger angenehmer Einsamkeit erlebte ich Momente der Glückseligkeit und ehrwürdiger Einheit mit mir und der Welt. Ohnegleichen war die Kraft, die sich in mir entwickelte. Ein durchdringendes Gefühl der Liebe und Ehrfurcht zu allem Leben umgab mich und zeigte sich in Tränen der Rührung.

Erkenntnisreiche Einblicke gaben mir ein gutes Gefühl über meinen damals eingeschlagenen Weg. Er fühlte sich passend an, obwohl er mit Unwägbarkeiten und Schmerzen verbunden war. Ich war mir sicher, dass ich für mich und meine Umgebung richtig entschieden hatte. Jedes Glücksgefühl und jeder Schmerz sind einzigartig. Für Gefühle gibt es keine Sprache. Stille bringt oft mehr Klarheit als ein Diskurs. Ein Walk-about schöpft aus der Stille.

Am Anfang des Interviews frage ich Glenna nach der Intention des „Presence Walk-about".

> Ich möchte den Menschen eine Gelegenheit für die Erfahrung geben, voll und ganz bei sich selbst zu sein. Wir sind fähig, mit unserem wunderbaren klaren inneren Wissen in Verbindung zu gehen. Wir haben so viel zu tun, es gibt so viel Ablenkung und so viele Stimmen im Innen und Außen. Somit bietet der Walk-about eine Möglichkeit für eine wahrhaftige Berührung mit unserem inneren Selbst. Menschen können dann wirklich hineinhören in ihr Inneres, erkennen, wer sie sind, und Klarheit schaffen. Man könnte sagen, sie können ihre innere Stimme hören.

Glennas Rolle bei einem Walk-about ist, einen Raum für diese Erfahrung zu schaffen, diesen zu halten und zu schützen. Sie sieht sich als „Guide" im Sinne eines Wegbereiters und Vermittlers. Die meisten Menschen suchen auf einem Walk-about Klarheit. Sie hört zu und reagiert auf deren Erfahrungen sowie die jeweils momentanen Bedürfnisse ihrer Teilnehmer. Ich frage sie, ob sie die Orte für den Walk-about aufgrund ihrer eigenen Wahrnehmung und Intuition aussuche.

> Ja, so ist es. Die Plätze sind beinahe so etwas wie Wünschelruten für die Seele. Es ist kein rationales Wissen. Der Intellekt ist natürlich sehr hilfreich, doch man würde es wohl intuitives Wissen nennen. Intuition ist für mich das Hineintauchen in zugrunde liegende Strukturen unserer Welt. Ich tauche in die zugrunde liegenden Strukturen unterschiedlicher Orte ein und nehme bewusst wahr, was sich in mir auftut. Ich fühle die Energie des Ortes. Wenn ich dort bin, stelle ich mir vor, dass der Ort einen ähnlichen inneren Raum für die Menschen eröffnen kann.

Wenn ich um Glenna herum bin, umgibt mich ein ganz besonderes, angenehm warmes Gefühl. In ihrer Präsenz sind meine Sinne schärfer, meine Bereitschaft zur Achtsamkeit erhöht. Ich möchte wissen, ob es Menschen gab, die sich nicht auf die Erlebnisse während eines Walk-about einlassen konnten. Sie antwortet, bisher habe sie dies nicht erlebt. Dies läge auch daran, dass Menschen, die zu ihr kommen, sich bewusst oder unbewusst für eine solche Erfahrung entschieden hätten. Wenn es Menschen gebe, die das Gefühl der Verbindung nicht erlebten, liege es nicht an deren Fähigkeit. Sie seien dann wohl an einem Punkt in ihrem Leben, an dem diese Erfahrung für sie nicht nützlich sei.

Was empfindet sie, wenn Menschen glücklich und dankbar sind für die Erfahrungen eines Walk-about und ihre Begleitung hoch schätzen?

> Ich empfinde Ehrfurcht und Wunder im Sinne von etwas Zauberhaftem, wenn ich Menschen dabei zusehe, wie sie ganz und gar in Berührung mit ihrem Inneren

gehen. Ich empfinde eine tiefe Dankbarkeit, dass ich Zeuge von etwas Erhabenem sein darf. Und ich weiß, dass ich dazu beitrage, einen Durchgang zu öffnen, damit die Menschen diese Verbindung herstellen können, doch ich bin mir voll bewusst, dass es die Person ist, die das tut, nicht ich. Dass eine solche Erfahrung möglich ist und ich ein Teil davon bin, macht mich ehrfürchtig und dankbar.

Ob sie dies eine spirituelle Erfahrung nennen würde, frage ich sie. Glenna sieht die Erlebnisse auf einem Walk-about für ihre Teilnehmer als eine „Whole-Being Experience". Für sie gehören dazu Seele und Gefühle, der physische Körper und der Geist. Ich übersetze dies mit Körper-Seele-Geist-Erfahrung.

> Manche Menschen, die ich durch meine berufliche Tätigkeit kenne, möchten mit einem Klick Einsichten oder Verbesserung irgendwelcher Lebensumstände erhalten. Für mich war mein Presence Walkabout keine harte Arbeit, doch er war ausgesprochen energieaufwendig, zutiefst berührend und schließlich doch emotional anstrengend. Ich fühlte mich nicht wie auf einem Spaziergang durch die beeindruckenden Landschaften des nördlichen New Mexico, sondern eher auf einer, in meine inneren Tiefen gehende Reise. Ausgerüstet mit Wasser, Nüssen und Obst, einer Jacke und festem Schuhwerk wanderte ich, begleitet von Kolibris, durch die beeindruckende Plaza Blanca. Ich drückte mich durch die Enge zauberhafter weißer Canyongräben. Ich legte mich flach auf den Boden neben die hübschen bunten Blüten des „Cholla Cactus", ohne Angst vor Klapperschlangen, aber mit dem friedvollen Gefühl, eins mit dem Planeten zu sein.

Auf Glennas weitem Land, durch welches der Ojo Caliente fließt, ging ich auf eine Gehmeditation durch das gelegte Labyrinth, streunte durch das Ufergestrüpp und verlieh meiner erlebten Ehrfurcht am Tipi-Feuer Ausdruck. Mitten in der kargen Landschaft, weit weg vom Wasser, fand ich Muscheln, Zeugen eines Urzeitmeeres. Bei der Begegnung mit einem Coyoten empfand ich die Ehre der Zugehörigkeit. Ich fühlte mich beschenkt und behütet. Zumeist wanderte ich allein und beantwortete meine oder Glennas Fragen. Während bestimmter Phasen war sie an meiner Seite, hörte schweigend und ermunternd meine Erzählungen und Geschichten. Schon beim Aufschreiben war mir manches klar geworden. Im Rückblick weiß ich, dass die Einsamkeit meine innere Wahrnehmung schärfte. Sie führte manchmal zu überraschenden Augenöffnern. Ein anderes Mal zwang mich eine einzige Frage zu einer glockenklaren Antwort.

Wie sie weiß, welche Fragen sie stellen wird, wollte ich wissen.

> Ich stelle Fragen, die auf meinen eigenen Erfahrungen mit den Orten gründen. Es gibt zwei Aspekte. Zunächst verlasse ich mich auf das Potenzial und die Energie, die jeder Ort bietet. Manche Fragen passen dort einfach. Ein weiterer Aspekt ist das genaue Zuhören und Hineinhören in das, was ich vom Klienten wahrnehme. Auch höre ich in mich hinein aufgrund meiner eigenen Erfahrung in dem Moment

an einem bestimmten Ort mit einer bestimmten Person. Ich vertraue auf das, was sich in diesem Moment zeigt. Hieraus ergeben sich dann Fragen.

Ob sie sich als „psychic", als Mensch mit übersinnlicher Wahrnehmung sehe, frage ich. Keinesfalls würde sie sich dieses Etikett geben, sagt sie, denn es gebe viele ungenaue Definitionen in dieser Hinsicht.

Durch meinen eigenen Walk-about konnte ich meinen damals eingeschlagenen Weg bestätigen. Bis heute erinnere ich mich anlässlich bestimmter Vorkommnisse sehr intensiv an meine so erhebenden Gefühle, aus denen ein gestärktes Selbstvertrauen erwuchs. Die Woche in New Mexico empfinde ich noch heute als die beste Investition in mich selbst. Keine meiner vielen intellektuellen Weiterbildungen kann diese Einsichten toppen, die ich dort in kürzester Zeit über mich erfuhr.

Es interessiert mich, ob Glenna selbst Erlebnisse hatte, die zu einer dramatischen Umkehr ihrer beruflichen Richtung führten.

> Ja, doch bin ich nicht der Meinung, dass sie mich unmittelbar meinen Weg ändern ließen. Sie beeinflussten mich, doch die Richtung zeigte sich manchmal erst Jahre später. Es gab für mich Momente, die meine Bewusstheit in dem Moment dramatisch verrückten. Veränderung im Außen manifestiert sich dann erst mit der Zeit. Eines meiner Erlebnisse ähnelt vielleicht dem der Menschen auf einem Walkabout. Als ich 39 Jahre alt war und mehrere Jahre in der Corporate-Welt gearbeitet hatte, setzte ich mich eines Tages unvermittelt an den Küchentisch und dachte über mein Leben nach. Ich fragte mich, ob ich in 15 Jahren immer noch denselben Job machen wollte. Die Antwort war nicht intellektuell, sie kam aus meinem Körper und sie war „Nein". Ich überlegte nicht strategisch, es war ein intuitives Gefühl. Ich fragte mich, wie ich als die, die ich bin, besser in dieser Welt sein könnte. Ich wusste sofort, dass etwas entdeckt werden wollte, wofür ich mich besser einbringen könnte. Am nächsten Tag kündigte ich und machte etwas ganz anderes. Das war ganz und gar nicht logisch, es kam aus dem Bauch, der nicht analysiert. So ergeht es wohl den Menschen, die zum Walk-about kommen. Sie verbinden sich mit einer Quelle der Weisheit in ihnen. Diese eröffnet ihnen Klarheit auf ihre Lebensfragen. Es ist eine einzigartige Erfahrung.

Wie gut, dass sie etwas anderes angefangen hat, denke ich bei mir. Wie hätten wir sonst dieses besondere Erlebnis erfahren können? Ist es doch beides: die Schönheit und Energie der Landschaft und die Person Glennas. Diese Verbindung ist einzigartig. Jede Verbindung ist einzigartig, doch nicht immer trägt sie auf so liebevolle Weise zum persönlichen Wachstum gewillter Menschen bei. Glenna erscheint stark wie ein Fels, sicher wie ein freistehender Pfeiler und ist dennoch extrem flexibel und liebevoll. Ja, sie hält sich für stark, sagt sie, doch es gibt ein essenzielles Detail: „I'm grounded in a place of not knowing." Sie ist geerdet an einem Ort des Nicht-Wissens. Flapsig entgegne ich: „Wie Sokrates?" und weiß sofort, dass dieser Kommentar unpassend war.

Glenna betont noch einmal, sie höre zu und hinein, nicht von einem Standpunkt des Wissens, sondern aus einem Standpunkt des Nicht-Wissens. Sie möchte ihren Klienten ihre Fähigkeit zugute kommen lassen, voll und ganz im Hier und Jetzt zu sein, zu hören und zu fühlen, was Aufmerksamkeit möchte, ohne zu wissen, was sich dann zeigen werde.

Ich frage: „Kann einem im Angesicht der schlimmen weltpolitischen Ereignisse diese Arbeit Freude und Trost zugleich geben?" Trost findet sie nicht, ist ihre Antwort. Stattdessen sei sie befriedigt durch das wachsende Bewusstsein, dass es uns möglich sei, unsere Sichtweisen zu verändern, ohne Verleugnung, Ärger, Flucht oder Kampf. Stattdessen die Fähigkeit zu entwickeln, alles willkommen heißen zu können, was sich zeigt. Was sich zeigt ist die notwendige Information für das Erlangen von Ganzheit. Dies ist für sie der besonders feine Unterschied. Dieser mündet in einer beachtlichen Veränderung unserer Sichtweise. „Welcome all that arises". Diese Haltung findet sie herausfordernd. Wer beispielsweise heute eine Boshaftigkeit wahrnimmt, kann sich fragen, welche Entwicklung sie uns zeigt. Wir können langfristige Entwicklungen erst sehen, wenn wir die Dinge ernst nehmen, die vor unseren Augen geschehen und ihre kurz- und langfristige Bedeutung für unser Dasein abwägen. „Wenn wir unser Bewusstsein nicht verändern und im Hier sein können, ohne andere negativ zu beurteilen, werden wir die Welt weiter spalten, statt sie zu heilen und mit allem ganz zu sein." Vollständig in der Gegenwart zu sein und sich mit allem Leben verbunden zu fühlen, lasse sie Freude und Gnade empfinden. Einsicht, Umsicht, Weitsicht, wie in der ICH-KULTUR® beschrieben, entstammen einer ähnlichen Sichtweise.

Ich erinnere mich, wie beeindruckend ich Glenna vor langen Jahren bei einem Dialogseminar fand. Sie sprach über Zuhören, nicht nur „aktives Zuhören", sondern ein den Geschichten und Gedanken anderer gegenüber unvoreingenommenes Zuhören ohne zu urteilen. Das traf genau ins Zentrum meiner damaligen Bedürfnisse. Exakt dies wünschte ich mir für meine Umgebung und hatte Ähnliches schon jahrelang an meine Fortzubildenden weitergegeben, wenn auch bis dahin ohne ein „Etikett". Obwohl DIALOG auf Martin Buber und David Bohm zurückgeht, hatte ich das Gefühl, dass DIALOG für Glenna Gerard, unsere damalige Trainerin, eine Art Lebenshaltung war. Heute integriert sie das DIALOG-Konzept in ihre Walk-abouts.

Darüber hinaus beschäftigt sie sich seit beinahe zehn Jahren mit den Lehren der Indianer Nordamerikas. Wie kam ihr Interesse an den indianischen Lehren, möchte ich wissen.

> Über Jahrtausende ermöglichen uns von Menschen gemachte „frameworks", unserem Leben Struktur und Sinn zu geben. Als Karten der Bewusstheit sind sie ein

Rahmen. So können wir einordnen, wie wir unsere Wirklichkeit erleben für ein maximal freudvolles Leben. Zu den „Frameworks" zählen neben den indianischen Lehren, Religionen, Quantenphysik, buddhistische Lehren, DIALOG und auch die heilige Geometrie. Ein Walk-about ist ein bestimmter, voll und ganz auf der Natur gründender Prozess. Somit ist das erdverbundene indianische Medizinrad besonders passend und in Resonanz mit dem Walk-about.

Dass sie sich für eine Weiterbildung der „Delicate Lodge Teachings" entschied, war für Glenna Gerard keine rationale Entscheidung. „Dafür entschloss ich mich von einem Standpunkt des Unwissens aus."

Für mich als Nutznießerin des Walk-about erscheint das Wissen über indianische Lehren nicht nur ein konsequentes Element, sondern als unabdingbares Detail eines Walk-about in New Mexico. Gehmeditationen, Geschichten schreiben, reflektorisches Befragen sowie Journaling, Kunst, Dichtung sind weitere Aktivitäten als Teil des Walk-about.

Ob ihre Arbeit auf Berufung gründet, möchte ich wissen.

Ich möchte dies im Sinne von DIALOG ausdrücken. Es gibt implizit etwas Unsichtbares, was sich ins Explizite entfalten und sich in der Realität manifestieren möchte. Ich glaube, ich folge diesem sich entfalten Wollen. Dies erscheint zwar abstrakt, doch es ist die Art und Weise, wie ich meine Realität erlebe. Vielleicht meinen die Leute damit Berufung. Es gibt etwas, das sich entfalten will und sich damit einzigartig manifestiert, wie wir in das gesamte Leben passen und es durchtanzen. Dies ist anziehend und anregend. Manchmal verstehen wir urplötzlich die Richtung unseres Lebens, den Weg unserer Arbeit; wir verstehen, dass wir bestimmte Tätigkeiten tun, weil dies aus uns entsteht, ebenso verstehen wir unsere Beziehungen. Vielleicht ist es die Entfaltung dieser Klarheit in uns, die unseren Beitrag zu diesem erstaunlichen Mysterium, das Leben heißt, ausdrückt.

Glenna sagt, sie hätte viele Ausdrucksmöglichkeiten ihres Lebenssinns. Am Ende sei alles, was sie tut, darauf ausgerichtet, einzelne Menschen oder Gruppen diese Öffnung zu ihrem erhabenen Inneren zu ermöglichen. „Wenn wir die Illusion der Trennung als solche erkennen und uns in Richtung Erkenntnis begeben, erleben wir die Freude der Verbundenheit mit uns selbst und mit allem Leben."

Am Ende interessiert mich, wie sie ihr Leben und ihr Wirken einem uneingeweihten Fremden erklären würde. Welche Grundhaltung bestimmt ihr Leben? Etikettierung mag sie gar nicht. Sie sei sich bewusst, dass Sprache bei aller Fokussierung auch immer etwas ausschließe und niemals das wahrhaftige Erlebnis beschreiben könne. „Unity consciousness" nennt sie ihre Grundhaltung und „the interconnectedness of all life", die Bewusstheit über die Gesamtheit und die Verbundenheit allen Lebens mit allem Leben. Diese sei für sie etwas Unaussprechliches: die namenlose Ehrfurcht einflößende Qualität des Seins.

Nach einer Stunde des Interviews jubeln wir beide dankbar über dieses schöne gemeinsame Erlebnis. „Es war mir ein Vergnügen", sagt Glenna, „danke, dass ich ausdrücken durfte was meinem Herzen, meinem Körper, meinem Geist und meiner Seele innewohnt." Während ich das Tapescript fertige und meine deutsche Version schreibe, fühle ich erneut diese tiefe Verbundenheit und vergieße ein paar glückliche Tränen der Rührung.

ICH-KULTUR® durch Erkennen

Der „Presence Walk-about" ist eine der bedeutendsten Aktivitäten, die die Tür zur Bewusstheit über die persönliche Kultur eröffnen können. Lange nachdem man sich diese Erfahrung erlaubte, entstehen Bilder und Vorstellungen darüber, wie man sein möchte. Ich kann dies nur bestätigen. Der Reiz des Erkennens beim Walk-about liegt im rein Emotionalen und Intuitiven, nicht in der rationalen Analyse. Die Beschäftigung mit ICH-KULTUR® sehe ich im Erstellen einer Balance von Rationalem und Emotionalem.

IPC®-Coaches führen „Presence Walk-abouts" auf der Basis von Glenna Gerard durch. Diese finden im Lechtal, der letzten Wildflusslandschaft Europas, statt.

Herzensbildung durch ICH-KULTUR® mit dem „Presence Walk-about" und der Verbindung zur „Narrativen Therapie"

Die überraschende Ähnlichkeit des „Presence Walk-about" mit der „Narrativen Therapie" ist nicht verwunderlich. Beide können Initiatoren für Herzensbildung sein. Sie stellen Erzählungen und Geschichten und die damit verbundenen Gefühle der Klienten in den Mittelpunkt. Keine der beiden bedient sich der Analyse oder steckt den Klienten wegen ungelöster Konflikte in eine Schublade. Beide sehen den Klienten als Experten seines Lebens. Das innere Wissen des Klienten ist für beide eine wichtige Ressource. Beide sehen den Klienten als jemanden mit einzigartigen Fähigkeiten und inneren Ressourcen, die es anzuzapfen gilt, um Veränderung und Wachstum zu generieren. Für beide ist der Klient Autor und Initiator seines Lebens, der fähig ist, eine Sichtweise und Geschichte zu entwickeln, die zu seinen Träumen, Hoffnungen und Bestrebungen passt. Beide betrachten die Weltsicht, Kultur, Werte und Glaubenssysteme des Klienten, ohne zu urteilen. Beide schauen auf den Klienten von dem neutralen Standpunkt des Nicht-Wissens. Dass Gefühle nicht quantifiziert werden können, ist eine grundlegende Überzeugung beider. Höchste Priorität hat der Fokus auf die Bedürfnisse des Klienten und somit jegliches Forschungsbestreben. Und dennoch sind beide jeweils für sich stehende Ansätze.

Ein „Presence Walk-about" hat keinen therapeutischen Anspruch. Gleichwohl taucht er tief in die Seele des Menschen. Was sich zeigt und sich am Ende ergibt, möchte als Ergebnis akzeptiert werden. Es geht zunächst um das ursprünglichste allen Lebens: die Tatsache, dass wir auf dem Planeten alle miteinander verbunden sind. Das Erkennen dieser Verbundenheit und die Erkenntnis des wahrhaften Selbst haben einen heilsamen Effekt auf den Teilnehmer und wie er sein Leben in der Zukunft gestalten wird. Er kann beginnen, seine negativen Einstellungen und Gefühle abzulegen. In der Folge kann er sich selbst befähigen, seinem Leben eine neue Wendung zu geben.

Seit den späten 1970er-Jahren gibt es den Ansatz der „Narrativen Therapie" zumeist im Kontext mit traumatisierten Kindern. Angehende Ärzte können heute auch in Deutschland Lehrgänge besuchen, zum Beispiel an der Universität Mainz in Zusammenarbeit mit der University of Columbia, USA. Der Ansatz der „Narrativen Therapie" nimmt an, dass Kultur, Sprache, Beziehungen und die Gesellschaft dazu beitragen, wie ein Individuum seine Identität und seine Probleme versteht und wie es einen Lebenssinn findet. Man separiert die Person vom Problem und externalisiert somit die Gefühle der Person. Damit kann der Klient sein Problem als etwas sehen, was man verändern kann, sagt Kevin Stoltz von der University of New Mexico. Der Klient wird somit als Experte seines eigenen Lebens gesehen. Er kann sich befreien von belastenden, schmerzvollen Erinnerungen. Typischerweise bringen Klienten bei Berichten über Gefühle die logische Chronologie durcheinander. Die „Narrative Therapie" verzichtet daher grundsätzlich darauf, den Klienten zu einer Art Logik zu zwingen. Auch beim „Presence Walk-about" erhält der Teilnehmer zu keinem Zeitpunkt eine Zurechtweisung, weil er Dinge chronologisch oder situationsspezifisch „vermischt". Essenziell sind Gefühle und Einsichten, die aus der Vergangenheit oder Gegenwart berichtet werden und beim Erzählen oder Schreiben entstehen. Beide Formate verzichten strikt auf Interpretationen der Geschichten von Klienten. Für Kevin Stoltz ist der Klient derjenige, der sein Leben leben und seine Geschichte neu schreiben muss. Der Therapeut hilft ihm dann bei der Umsetzung.

Wenn das Konzept der ICH-KULTUR® Einsicht, Umsicht und Weitsicht für die Entwicklung mentaler Resilienz ermöglichen möchte, sollte es passende, die Einsicht fördernde Aktivitäten für Lernende geben. Umsicht und Weitsicht haben erst durch Einsicht eine Chance, sich zu entwickeln. Für mich ist Glenna Gerards „Presence Walk-about" ein hervorragender Weg, Erkenntnisse über sich selbst zu gewinnen und so automatisch eine Herzensbildung zu initiieren, über die in der Bildung seit dem achtzehnten Jahrhundert diskutiert wird. Goethe, Schiller, Wilhelm von Humboldt und andere setzten sich für Herzensbildung ein, bei der Gefühle und Empfindungen genutzt und gepflegt werden sollten (Frevert 2012). Möglicherweise werden therapeutische Maßnahmen für manche Menschen in schwierigen Lebensumständen damit unnötig. Doch wenn Roboter morgen Pflegebedürftige mitversorgen, brauchen wir bei der Betreuung durch Menschen umso mehr ICH-KULTUR*.

Literatur

Frevert U (2012) Geschichte der Gefühle. Max-Planck-Institut für Bildungsforschung, Berlin

6

Zehn Schritte zur kleinen ICH-KULTUR®

6.1 Ihre zehn Schritte zur kleinen ICH-KULTUR®

Die Zehn Schritte zur kleinen ICH-KULTUR® geben Ihnen einen kurzen Blick auf Ihren inneren Spiegel. Sie sind eine reine Selbsteinschätzung und kein psychologischer Test. Nehmen Sie sich 10 min Zeit, lesen Sie die Fragen genau durch und antworten Sie nach Ihrem Bauchgefühl.

#1 Schreiben Sie handschriftlich auf, was Sie im Moment positiv bewegt. Begrenzen Sie Ihre Geschichte auf 12 Sätze.

_____
_____
_____
_____
_____
_____
_____
_____
_____
_____

#2 Nun benennen Sie das Gefühl bezüglich des Themas, das Sie in ihrer Geschichte am meisten emotional berührt.

_____

#3 Stellen Sie sich zu diesem Gefühl eine Frage. Diese Frage beantworten Sie ganz am Ende dieser Selbsteinschätzung.

#4 Wie schätzen Sie sich selbst ein? Hat das jeweilige Verhalten schon einmal zu Konflikten mit ihrer Mitwelt geführt?

a)Einstellung	Richtig	Nicht richtig	Konflikt Ja/Nein
Ich bin ein durch und durch positiver Mensch			
Die harmonische Beziehung zu Kollegen ist für mich ein wesentlicher Faktor für Spaß an der Arbeit			
Gute Arbeit braucht geordnete Abläufe			
Erfolg ist das Resultat schwerer Arbeit			
Menschen aus anderen Landeskulturen sind in meinem Privatleben willkommen			
Ohne Logik gibt es keine richtigen Entscheidungen			
Die Arbeit an mehreren unterschiedlichen Themen gleichzeitig macht mir keinen Stress			
Es ist mir wichtig, von einflussreichen Leuten geschätzt zu werden			
Meine Ideen sind zumeist die besten			
Überraschende Veränderungen sind die Würze des Lebens			
Ich bin sicher, dass Gehorsam ein elementares Element für Erfolg ist			
Meine Entscheidungen treffe ich immer nach dem größten Nutzen für die Allgemeinheit			
Veränderungen machen mich nervös			
Bei der Auswahl von Freunden und Aktivitäten leiten mich meine Werte zu jeder Zeit			

a)Stile	Richtig	Nicht richtig	Konflikt Ja/Nein
Ich bin schon immer sehr ungeduldig und mag extrem schnelle Entscheidungen			
Detaillierte Fakten sind die Grundlage für alle meine Entscheidungen			
Ich nehme mir immer viel Zeit für die intensive Vorbereitung bei jeder Art von Meeting			
Meine Meinung sage ich immer ehrlich, unmissverständlich und direkt			
Den Vorgaben meines Vorgesetzten folge ich immer, ohne zu murren			
Hin und wieder lüge ich zu meinem Vorteil			
Ich versuche immer durch mein Engagement, alle zufriedenzustellen			
Menschen, die anders sind als ich, finde ich besonders interessant			

a) Stile	Richtig	Nicht richtig	Konflikt Ja/Nein
Wenn andere Menschen peinlich auftreten, übernehme ich innerlich Verantwortung für ihr Tun und schäme mich für sie			
Wenn ich einmal einen Weg eingeschlagen habe, führe ich ihn ohne weitere Umschweife pflichtbewusst zu Ende			
Ich prüfe mehrmals am Tag meine gesendeten E-Mails, damit ich keine Fehler mache			
Wenn ich Probleme bearbeite, wäge ich Intuition und Analyse genau ab, bevor ich entscheide			

#5 Nun beschreiben Sie sich aufgrund der Ergebnisse in #4a und #4b.

#6 Wie tickt der Mensch, der Ihnen am meisten positive Gefühle machte? Nennen Sie ein Beispiel und vergleichen Sie dieses mit Ihren Antworten aus #4.

#7 Benennen Sie Ihr Gefühl, das Ihr Verhalten dieser Person gegenüber auslöst. Wie erklären Sie sich dies?

	Richtig	Nicht richtig
Ausweichend		
Beschwichtigend		
Ablenkend		
Anklagend		
Neutral		

#8 Wie beschreiben Sie Ihre Selbstführung?

	Richtig	Nicht richtig
Zu jeder Zeit gesteuert durch mich oder andere		
Situativ unterschiedlich		
Empathisch und reflektierend		
Emotional		
Unklar		

#9 Emotionalen Stress erlebe ich zumeist …

	Richtig	Nicht richtig
In meiner Liebesbeziehung		
Im beruflichen Umfeld und mit Kollegen		
Bei internationalen Geschäftsreisen		
Im Kontakt mit mir unbekannten Menschen		
In der Familie und mit Freunden		
Überall		

#10 Wenn ich emotionalen Stress habe, …

	Richtig	Nicht richtig
Zeige ich dies offen		
Suche ich sofort praktische Lösungen		
Bin ich nicht leistungsfähig		
Habe ich körperliche Beschwerden		
Arbeite ich umso mehr		
Möchte ich lernen, damit umzugehen		

Erinnern Sie sich noch an Ihre Frage? Vielleicht konnten Sie sie beantworten, während Sie Ihre Aufgabe lösten. Vielleicht aber hat sich Ihre Frage in der Zwischenzeit verändert.

Nehmen Sie sich nun noch einmal fünfzehn Minuten Zeit und fühlen Sie in sich hinein. Was möchten Sie wirklich für sich beantworten? Wie ist diese Frage mit den oben genannten Aspekten verbunden?

Wer seine ICH-KULTUR® kennt, kann mit einer Vielzahl praktischer Übungen lernen, seine persönliche Kultur so zu gestalten, dass sich emotionaler Stress leichter beheben lässt. So kann sich mehr Gelassenheit einstellen. Was möchten Sie näher anschauen, weiterentwickeln oder auch verändern? Aus welchem Grund?

6.2 Die kleine ICH-KULTUR® am Beispiel Gert Simon

Gert Simon, der zunächst glücklose Protagonist in diesem Buch, wurde durch eine dramatische berufliche Veränderung und den Verlust der Mutter aus seinem Lebensschlummer geweckt. Die Begegnung mit Mine und einem Berater bei der Arbeitsagentur eröffneten ihm neue Sichtweisen. Aus dem Augenblick geborene Bemerkungen seiner beiden unbeholfenen, doch mit gesundem Menschenverstand ausgerüsteten Freunde bewahrten ihn vor der Falle einer lauernden Depression. Im Zuge einer Maßnahme für Persönlichkeitsentwicklung der Arbeitsagentur lernte Gert Simon die ICH-KULTUR® kennen. Während der ersten Sitzungen verlangte sein Coach von ihm ein Selbstbild. Hier ist Gert Simons Beschreibung seiner kleinen ICH-KULTUR®.

„Positiv berührt mich, dass ich mich einigermaßen gefangen habe. Ich kann sogar wieder lachen. Ich freue mich, dass mich niemand stört und ich nicht zu arg gedrängt werde. Ich habe einen netten Berater gefunden. Mit meinen Freunden treffe ich mich regelmäßig. Mine hat mich nicht vergessen, wir telefonieren alle paar Monate. Das ist schön. Ich gehe jede Woche zweimal zum Grab meiner Mutter und sehe, wie die Blumen das Grab überwachsen. Ich vermisse sie. Sie sagte mir immer, was gut und schlecht ist. Wenn ich mich um ihr Grab kümmere, habe ich eine gute Aufgabe. Ich habe nicht mehr so viel Angst vor der Zukunft." (#1) „Am meisten berührt mich Mine. Das Gefühl ist Geborgenheit und Sehnsucht." (#2) „Wie kann es mir gelingen, das Gefühl der Geborgenheit auch ohne andere Menschen zu erleben?" (#3) „Schnelle Entscheidungen fallen mir eher schwer. Ich weiß nicht, ob ich positiv oder negativ bin. Beziehungen unter Kollegen habe ich nie besonders beachtet. Fakten sind wichtig. Meetings musste ich nie vorbereiten, weil mein Chef sich nicht für meine Dinge interessierte. Er sagte grundsätzlich, wo es langging. Ja, ich brauche Struktur und klare Abläufe. Für Erfolg muss man immer schwer arbeiten. Meine Migräne hat mich oft davon abgehalten. Das war ein schlechtes Gefühl. Andere Menschen haben mich nie besonders interessiert. Ich habe zwei Freunde, das reicht. Und Lena, meine Katze. Dann gibt es noch Mine. Ich sage kaum, was ich denke, aber ich bin immer ehrlich. Logische Entscheidungen sind die richtigen. Mein Chef gab diese vor, und ich folgte. Wenn er nichts sagte, dachte ich, alles ist okay. Oft musste ich mehrere Dinge gleichzeitig bearbeiten, das machte mir Stress. Am Abend brummte mein Kopf, und Tage danach hatte ich Migräne und fehlte. Mein Chef sagte nie etwas, er war ja auch nicht da. Am Ende hat er mir vorgehalten, dass ich oft fehlte. Ich war immer gehorsam und bin nie andere Wege gegangen. Die plötzliche Umstrukturierung und der neue Chef haben mich aus der Bahn geworfen. Ja, ich habe Werte. Welche? Da muss ich nachdenken." (#4 und #5) „Mein direkter Chef war ungerecht, finde ich. Ich kann nicht sagen, wie er ist. Er war ja nicht da. Für mich hat er sich nie interessiert". (#6) „Ich würde ihm ausweichen." (#7) „Meine Eigenführung? Weiß nicht." (#8) „Ich merke, dass ich emotionalen Stress überall erlebe. (#9) Dann bin ich nicht leistungsfähig und habe körperliche Schmerzen. Ich möchte lernen, damit umzugehen." (#10) „Die Frage, die ich mir am Anfang stellen sollte, kann ich so beantworten: Ich sollte an meinem Selbstwert arbeiten".

Monate später

Gert Simon traf sich nun alle zwei Wochen mit seinem Coach. Dieser gab ihm viele Hausaufgaben, die Gert Simon pflichtbewusst ausführte. Er entwickelte Einsicht, indem er seine ICH-KULTUR® kennenlernte. Es wurde ihm klar, dass sein wenig eigeninitiatives Verhalten auf einer übergroßen Ehrfurcht vor Autoritäten und seiner enormen Achtung gegenüber Hierarchien beruhen musste. Er erkannte, dass er sich Mitmenschen gegenüber bisher nicht besonders zugänglich verhielt und daher manchmal Missachtung erntete. Mit seinem Coach übte er, zunächst Fragen zu stellen, um ein Interesse an anderen zu üben. Seinen Denkstil verfeinerte er durch die Betrachtung von Bildern mit gezielten Verknüpfungsübungen. Umsichtiges Verhalten erlernte er durch kinästhetische Kommunikationsaufgaben. Stimmgabel- und Gehübungen, die der Coach ihm ans Herz legte, führte er zunächst skeptisch aus. Eines Tages wurde ihm klar, dass die innere Haltung gegenüber Menschen und Situationen seine eigene Gestimmtheit beeinflusste. Negative Gedankenenergie versuchte er alsbald in positive Aktionsenergie umzuwandeln. Die passende Anleitung und das geduldige Wohlwollen seines Begleiters halfen ihm dabei. Bald übte er den 180°-Blick für Umsicht und begann, bisher Ungekanntes seiner Umgebung zu entdecken und zu schätzen. Mit bewusst erhobenem Kopf grüßte er Menschen auf dem Fußweg zum Lebensmittelgeschäft und freute sich über unterschiedliche Reaktionen. Seine Lebensqualität wurde voller. Innere Konflikte konnte er allmählich aus mehreren Perspektiven betrachten, statt seinen Missmut anderen anzulasten. Die Fähigkeit, durch die Brille der multiplen Intelligenzen zu sehen, ließ ihn entdecken, dass er Talente hatte, die ihm vorher nicht bewusst waren. Einem neu erstandenen Xylofon entlockte er zunehmend eigene Melodien. Beim Spielen solle er auf seinen Gesichtsausdruck achten, hatte sein Coach gesagt. Dass seine Mundwinkel nach oben gingen, wenn Katze Lena bei seinem Xylofon-Spiel auf seinen Schoß sprang, entdeckte er zuerst. Überhaupt beobachtete er die Katze Lena und ihre Reaktionen auf seine Stimmung nun intensiver. Manchmal erzählte er ihr mit dem 180°-Blick was er sieht, wenn er aus dem Schlafzimmerfenster auf die belebte Straße schaut. Ein hingebungsvolles Schnurren kam zurück.

Wie er im Vorstellungsgespräch punkten und sein Auftreten optimieren könnte, gehörte ebenso zum Auftrag des Coachs wie eine Bewusstheit über Potenziale und Interessen zu generieren. Wieder kamen die multiplen Intelligenzen ins Spiel. Sein Coach gab ihm den Auftrag, seine Wohnung zu betrachten und zu entscheiden, ob er Möbel umstellen wollte. Solche überraschenden Vorschläge hätte er früher als verrückt abgetan und verworfen. Nun war er dabei, sein Schlafzimmer auszuräumen und neu zu gestalten. Auf dem neuen Matratzen-Topper schlief er besonders gut, erzählte er dem Coach, auch die Migräne käme nicht mehr so häufig. Ihre Treffen empfand er als anstrengend, doch am Ende war er immer froh über die Gespräche. Manchmal erlebte er regelrechte Aha-Momente der Einsicht und begann, sich auf seine Sessions zu freuen. Wie eine Abenteuerreise in sein Inneres fühlten sich die Wege zu seinen Einsichten an. Vorstellungsgespräche sah er nun als Übung für ein bewussteres, umsichtigeres Auftreten. Sicher war er sich jedoch nicht mehr, ob er in einem dem alten ähnlichen Job noch einmal arbeiten wollte.

Denken und Nachfühlen fallen im Gehen oft leichter, hatte der Coach erklärt. Daher spazierten beide manchmal durch den Park. Diese Umgebung war ihm lieb geworden. Dort fühlte er sich geborgen. Hin und wieder kamen sie an seiner Bank vorbei. Sie war immer leer. Mit keinem Wort hatte Gert Simon seine Parkbanktreffen mit Mine erwähnt. Er merkte, dass sich in ihm ein immer tiefer werdendes Gefühl der Sehnsucht nach Mines fröhlicher Zugewandtheit entwickelte, die er nur von ihr kannte. Wenn sich dieses Gefühl einstellte, vergrub er das Schmerzende tief in seiner Brust. An einem sonnigen Februarmorgen blieb er plötzlich bei der verschneiten Parkbank stehen und schaute sie andächtig an. Dann drehte er sich zum Coach. „Wissen Sie, hier auf dieser Bank hatte ich vor langer Zeit viele so vertraute Gespräche wie mit Ihnen. Das fand ich sehr schön. Jetzt bin ich dankbar, dass ich Sie als Begleiter habe. Ich lerne viel."

„Was möchten Sie mir noch sagen?", fragte der Coach sachte.

„Ich möchte weiter lernen, ein volleres Leben zu führen."

Behutsam strich der Coach den Schnee von der Bank. „Setzen wir uns kurz." Beinahe ehrfürchtig setzte sich Gert Simon auf die Bank. Impulsiv ging sein Blick hinauf in die Baumkrone. Auf den zarten Ästen glänzten kleine Eiszapfen in der Wintersonne. Da legte sich ein überraschendes Gefühl der Wärme um seine Schultern und wanderte über seine Brust in seinen Bauch. Er atmete tief aus, schloss die Augen und streckte das Gesicht in die Sonne. Einen Augenblick lang vergaß er alles um sich herum. „Wie geht es Ihnen jetzt?", erkundigte sich der Coach nach einer Weile. „Sehr gut", antwortete er mit breitem Lächeln und schaute zum Coach. „Ich habe Glück." Als sie den Park verließen, war Gert Simon dankbar für seine Einsichten. Gerührt von der Erfahrung auf der Parkbank ging er nach Hause. Zwei Tage später schickte er Mine eine E-Mail.

6.3 Aktivitäten zur ICH-KULTUR®-Entwicklung

Neben dem multimodalen „Presence Walk-about" und einem ausführlichen Fragebogen-basierten Interview, setze ich eine Vielzahl weiterer praktischer Aktivitäten ein, die unter Anleitung zu einer bewussteren ICH-KULTUR® führen können. Drei davon möchte ich hier vorstellen.

6.3.1 ICH-KULTUR® – Wahrnehmung und Kommunikation mit dem 180°-Blick

Zwei Teamkollegen stellen sich hintereinander auf und schauen in dieselbe Richtung auf eine echte Szene (Stadtsilhouette, Parklandschaft, ländliche Umgebung, Straße, Flusslandschaft etc.). Teamkollege A hinter Teamkollege B schließt die Augen. Er hört genau zu, was Teamkollege B mit einer von der erlebten Attraktivität der genannten Elemente abhängigen Intonation als Bild im 180°-Blickwinkel beschreibt. Nach 30 s wird gestoppt.

Nun beschreibt Teamkollege A für Teamkollege B, was ihm als wichtig und attraktiv erscheint. Danach stellen sie sich nebeneinander und betrachten beide die Landschaft. Dabei erkennen sie leicht, wie sich die jeweilige Wahrnehmung unterscheidet. Was für den einen ein augenfällig wichtiges Element in der Landschaft zu sein scheint, mag für den anderen vernachlässigbar sein.

Im nächsten Schritt sprechen sie über die Bedeutung der von ihnen als attraktiv und wichtig ausgewählten Elemente. Diesem Dialog folgt ein Transfer zu Themen aus dem beruflichen Alltag der Teilnehmer, mit dem eine neue Sequenz beginnt.

Hier geht es um Wahrnehmung und die daraus folgende Kommunikation, entsprechend der individuellen Bedeutungsbeimessung, abhängig von der jeweiligen ICH-KULTUR®. Beide Teamkollegen erfahren, dass es kein Richtig und Falsch geben kann, weil die eigene Wahrnehmung zumeist faktisch ungenau und mit Gefühlen befrachtet ist und daher nur individuell beschrieben werden kann.

Diese Übung wende ich seit vielen Jahren in vielfältigen Variationen und Fortführungen an. Eine ganz besonders eindrucksvolle Weiterführung ist die „Ladder of Inference" von Chris Argyris für das kultivierte Treffen und das Kommunizieren von Entscheidungen.

6.3.2 ICH-KULTUR®-Visionsbild

Die Zeit für eine Gruppe beträgt 60–90 min, die Zeit pro Teilnehmer 30 min. Der Teilnehmer stellt sich an ein bodentiefes Fenster oder eine mit Packpapier bespannte Wand in seiner Größe. Mit einem passenden Stift zeichnet ein anderer Teilnehmer seine Silhouette nach.

Der Teilnehmer benutzt Klebekarten in unterschiedlichen Farben. Dafür wählt er zunächst 5 Farben für die Kategorien Glaubenssätze, Kommunikationsverhalten, Denkstile, Kontextnotwendigkeit und Lebenszeitorientierung sowie Konfliktstil. Er schreibt die entsprechenden Aspekte auf die zutreffende Kategorie aus den zuvor vorgestellten Variablen auf seiner Liste und klebt sie an eine von ihm bestimmte Körperstelle auf der Silhouette.

Das Bild reflektiert die Kulturvariablen seiner momentanen ICH-KULTUR®. Die Figur wird fotografiert. Mit einem Partner erzählt er danach ein stressiges und ein positives Geschehnis, die aufgrund seiner vorherrschenden Variablen so passierten. Der Partner hört still, aber ermunternd zu. Nur wenn er nicht folgen kann, unterbricht er. Nun erklärt der Teilnehmer, woran er gerne arbeiten möchte und welchen Aspekt seiner Kulturvariablen er möglichst verändern möchte. Der Partner stellt reflektorische Fragen bezüglich Situationen und Personen. Dabei nimmt er diejenigen Klebekarten aus der Silhouette, die er bearbeiten möchte, und legt sie in eine kleine Box, die in der Mitte des Raumes steht. Dann wird die Figur noch einmal fotografiert. Wenn alle Teilnehmer diese Übung abgeschlossen und ihre Kärtchen in die Box gelegt haben, beginnt die nächste Sequenz. Diese betrifft die ICH-KULTUR®-Variable der Teilnehmer, welche sie ändern möchten. Sie werden in dieser Sequenz von allen für alle bearbeitet.

6.3.3 Menschliche Interaktionen mit ICH-KULTUR®

Der kultivierte Umgang miteinander erfordert Bewusstheit. Bewusstheit über die eigene Person und ihre „mentalen Problemzonen". Wir wissen, dass das herausragende Element im täglichen Miteinander die Art und Weise ist, wie wir mit Menschen umgehen. Dazu gehören nicht nur Klarheit, Ehrlichkeit und Aufrichtigkeit, sondern vor allem auch Finesse, ein feines, empathisches Eingehen auf das Gegenüber. Wer getrieben ist von Bedürfnis- oder Zeitdruck vergisst leicht, dass das Gegenüber auch ein Mensch mit einer ganz eigenen Ausprägung seiner Kulturvariablen ist und ihn seine Bedürfnisse in diesem bestimmten Moment möglicherweise ebenso stark emotional bedrängen wie uns die unseren. Der eine könnte den anderen durch Verstehen auffangen und eine gelingende Kommunikation erreichen. Wenn wir selbst unter Druck stehen, gelingt uns Wohlwollen nur schwer.

Der kultivierte Umgang miteinander braucht gewillte Bewusstheit, Liebe und viel Übung. Wenn wir im Sinne der Gestalttheorie auf den anderen mit einer wertfreien Haltung zugehen und ohne zu urteilen zuhören, kann es gelingen, unerwartete Informationen zu bekommen. Die folgende „Fünf-Fragen-Übung" unterstützt eine wohlwollend interessierte Haltung.

1. Was brauche ich im Moment?
2. Was möchte ich in meiner Rolle erreichen?
3. Was möchte der andere?
4. Was tut mir gut?
5. Was setze ich wie um?

Mit ICH-KULTUR® kann der Klient Selbstsicherheit und einen kultivierten Umgang mit anderen entwickeln. So findet er Halt bei sich selbst und kann schließlich geistige Widerstandskraft entwickeln.

7

Über die Autorin und ihre Einflussnehmer

Berufliche und spirituelle Einflussnehmer
Aristoteles
Für Aristoteles entwickelt sich das menschliche Wesen aus individuellen Gewohnheiten. Ein Individuum hat eine eigene Kultur. Wenn die Seele schmerzt, entwickeln sich moralische und intellektuelle Seiten anders, als wenn man glücklich ist (Eudämonismus).
Eric Berne
Beeinflusst von der Gestaltpsychologie war es dem Psychiater wichtig, seinen Patienten genau zuzuhören, statt sie durch gängige Fachbegriffe in Kategorien einzuordnen. Daraus entstand das „Ego Image", ein durch ein einfaches Bild beschreibender Begriff des Klienten über sich selbst. Eric Berne (1910–1970) ist der Begründer der Transaktionsanalyse.
Ken Blanchard
Zusammen mit Paul Hersey entwickelte Ken Blanchard das Konzept des „Situativen Führens". Seine Weiterentwicklung nennt Blanchard SLII˚. Menschen müssen auch bei der Arbeit Entwicklungsprozesse durchmachen. Entsprechend ihrem Entwicklungsstand sollten sie geführt werden. Dabei liegt die Verantwortung für die Entwicklung bei dem jeweiligen Player, nämlich der Führungskraft und dem Mitarbeiter gleichermaßen.
Uwe Böschemeyer
Als Schüler von Viktor Frankl entwickelte Böschemeyer die zielorientierte Wertimagination als bewusste „Wanderung" ins Unbewusste. Lebensgeschichtliche, mythologische Bilder und sinnstiftende entstehen während einer Imagination. Spezifische humane Werte wie Liebe, Freiheit, Verantwortung,

Hoffnung und Mut lassen sich während einer Wertimagination emotional, kognitiv und energetisch erleben.

Martin Buber

In seinem Buch „Ich und Du" beschreibt der jüdische Religionsphilosoph, dass jede wirkliche Beziehung nur durch den Dialog geschehen kann. Wo „Du" gesprochen wird, entsteht Beziehung. Die drei Sphären der Welt der Beziehung sind das Leben mit der Natur, das Leben mit den Menschen und das Leben mit den geistigen Wesenheiten. Bei Begegnungen in allen drei Sphären entsteht eine Wechselseitigkeit (Mutualität).

David Bohm

Der Quantenphysiker und Philosoph sagte, der Dialog beginne, wo die Diskussion aufhöre. Mit Martin Buber entwickelte er die dialogische Gesprächsrunde als Gruppen-Konversation, in der Teilnehmerbeiträge weder beurteilt noch diskutiert werden. Sie stehen vielmehr ganzheitlich in Beziehung mit dem Ganzen.

Auguste Comte

Der Mathematiker und Philosoph prägte als Mitbegründer der Soziologie den Begriff Altruismus. Heute wird Altruismus nicht nur als Synonym für Nächstenliebe benutzt, sondern als Gegensatz zu Egoismus gesehen. Den Glauben, dass Altruismus anerzogen werden muss, da Menschen von sich aus egoistisch sind, haben Psychologen in Studien widerlegt. Menschen zeigen von sich aus selbstloses Handeln ohne Aussicht auf Belohnung. Es ist eine Frage der reflektierten Lebenswegentwicklung wie „egoistisch" oder „altruistisch" jemand sein möchte.

Jesus von Nazareth

Die Bergpredigt (Mt. 5–7) ist eine Sammlung einzelner Predigten des Wanderpredigers Jesus und wird als dessen Lehre gesehen. In seinen Predigten forderte er die Menschen auf, ihre Mitmenschen zu lieben, gegenseitig Respekt zu üben, Gutes zu tun und die Benachteiligten zu stützen.

„Richtet nicht, damit ihr nicht gerichtet werdet! Denn wie ihr richtet, so werdet ihr gerichtet werden, und nach dem Maß, mit dem ihr messt und zuteilt, wird euch zugeteilt werden. Warum siehst du den Splitter im Auge deines Bruders, aber den Balken in deinem Auge bemerkst du nicht?"

Viktor Frankl

In Vorträgen zur „Ärztlichen Seelsorge" beschreibt der Neurologe und Psychotherapeut, dass wenn der Arzt nur das offensichtliche Problem eines Patienten betrachtet, er diesem nicht helfen kann. Vielmehr sollte der Arzt in Demut auf den ganzen Patienten schauen. „Demut, wenn sie echt ist, ist aber mindestens so sehr ein Zeichen innerer Stärke wie Mut."

Die Psychologie soll den Menschen nicht „aburteilen", ohne seine tiefen inneren Quellen wahrzunehmen.

In der Logotherapie und Existenzanalyse erhalten Sinn und Werte eine herausragende Bedeutung. Der gewillte Mensch kann nach dem Sinn seines eigenen Seins fragen.

„Derselbe Instinkt, der den Menschen zu seinen Lebensaufgaben hinführt, leitet ihn auch bei der Beantwortung der Lebensfragen in der Verantwortung seines Lebens. Dieser Instinkt ist das Gewissen. Das Gewissen hat seine ‚Stimme' und ‚spricht' zu uns – ein unleugbarer phänomenaler Tatbestand. Das Sprechen des Gewissens ist jedoch jeweils eine Antwort."

Glenna Gerard
Glenna Gerard kommt aus der DIALOG-Tradition. Wie dialogisches Verhalten ein Unternehmen transformieren kann, schrieb sie in ihrem Buch „Der Dialog im Unternehmen". In ihren „Presence Walk-abouts" in New Mexicos Wüste kreiert Glenna Gerard mit ihren Klienten Bedingungen für das Hier und Jetzt. Menschen erhalten die Gelegenheit, die Ganzheit ihrer Existenz zu erkennen und inneren Konflikten ohne äußere Ablenkung zu begegnen. Neben ihren Seminarreisen lernte sie vier Jahre lang über die überlieferten Lehren der „Native Americans". Heute benutzt sie das „Medicine Wheel" in ihrem „Wisdom Council".

Kurt Lewin
Der Psychologe entwickelte die Gestalttheorie weiter. Er prägte die Begriffe „Feldtheorie $V = f (P/U)$" und „Gruppendynamik" in Verbindung mit den Bedürfnissen des Individuums als Reaktion auf eine jeweilige Situation. Seine Studien über gesellschaftliche Veränderungen zeigte den essenziellen Faktor „Mensch" für den erfolgreichen Wandel auf.

Fritz Perls
Frederic Perls (1893–1970) ist der bedeutendste Gestaltpsychologe neben Eric Berne. Er prägte dieses berühmte Gestaltgebet: „I do my thing and you do your thing. I am not in this world to live up to your expectations. And you are not in this world to live up to mine. You are you, and I am I, and if by chance we find each other, it's beautiful. If not, it can't be helped."

Carl Rogers
Carl Rogers (1902–1987) vertrat ein humanistisches Menschenbild. Als Begründer der personenzentrierten Gesprächspsychotherapie war der Psychologe der Meinung, dass der Erfolg einer Therapie von der Einstellung des Therapeuten abhängt. Je bewusster sich ein Mensch über seine Person ist, desto leichter fällt ihm seine Entwicklung und der Selbstaktualisierungsprozess. „Life, at its best, is a flowing, changing process in which nothing is fixed."

Jean-Jacques Rousseau
Er war von der kompromisslosen Selbstbestimmung des Individuums überzeugt und glaubte, dass wir in unserem Leben die edelsten Fähigkeiten der Menschheit verwirklichen können.
John Kabat-Zinn
Kabat-Zinn erarbeitete eine integrative Methode, die Menschen mit Ängsten, Stress und Krankheiten hilft, mit ihren gesundheitlichen Herausforderungen besser umzugehen. Begleitende Forschungen zeigen, dass die „Mindfulness Based Stress Reduction (MBSR)" Menschen unterstützen kann, aufmerksamer und achtsamer sich selbst gegenüber zu werden.
Virginia Satir
Die Mutter der Familientherapie hat nicht nur einen festen Platz bei der Persönlichkeitsbildung, sondern wirkt mit ihren aus Liebe geborenen Erkenntnissen in jeden Lebensbereich hinein, in dem es innere oder äußere Konflikte gibt. Ein erfolgreiches, glückliches Leben kann gelingen, wenn wir akzeptieren, dass unsere Lebenskraft individuell ist und gestaltet werden darf, glaubt Virginia Satir.
„Wir dürfen uns nicht durch die begrenzten Vorstellungen anderer Leute definieren lassen."
Edgar Schein
Sein „Kulturebenen-Modell" besteht aus fünf Elementen, die eine einheitliche Gestalt (Psychologie) der Unternehmenskultur entstehen lassen (Mead). Eine Weltanschauung konkretisiert sich in Wertvorstellungen und Verhaltensstandards. Annahmen über die Natur des Menschen, Annahmen über die Umwelt, Annahmen über interpersonelle Beziehungen, Vorstellungen über Wahrheit und Zeit sowie Annahmen über die Natur menschlichen Handelns. Sie sind die Grundlage für ein Unternehmensleitbild.
Sokrates
Sokrates hat seine Lehren und Fragen nie niedergeschrieben. Man weiß wenig über ihn. Platon und Aristoteles haben über ihn berichtet. Sokrates kann als der erste Coach gesehen werden. Seine bohrenden Fragen und sein strukturierter Dialog sind weltbekannt: Ohne Fragen keine Antworten, ohne Antworten keine Information.
Henry D. Thoreau
Den Philosophen Thoreau könnte man zu den heutigen Minimalisten und Aussteigern zählen. Für ihn waren Luxusgüter nicht nur verzichtbar, sondern auch tatsächliche Hinderungsgründe für die Entwicklung des Menschen. Weil er einen Weg suchte, die Zivilisation mit der Natur und Kultur vorteilhaft zu verbinden, nannte ihn einmal ein Journalist einen Feierabend-Eremiten.
„Der genießt wahre Muße, der Zeit hat, den Zustand seiner Seele zu fördern."

Weiterführende Literatur

Damasio AR (2005) Der Spinoza – Effekt. Ullstein, Berlin
Diener E, Kahneman D, Helliwell J (2010) International differences in well – being. Oxford University Press, Oxford
Erhardt H (2009) Mit Sprachwitz zum Schelm der Nation. Zum 100. Geburtstag von Heinz Erhardt. Stuttgarter Nachrichten, Stuttgart
Grimm P (2013) 10 Gebote der digitalen Ethik. Institut für Digitale Ethik der Hochschule für Medien, Stuttgart
Hanes JD (2008) Der unbewusste Wille. http://www.zeit.de/2008/17/Freier-Wille. Zugegriffen am 20.11.2017
Jeßing B (2002) Goethe, J.W. Iphigenie auf Tauris. Reclam, Ditzingen
Johannes XXIII (2006) Für das Glück geschaffen: Die 10 Gebote der Gelassenheit. St. Benno, Leipzig
Kruger J, Dunning D (1999) Unskilled and unaware of it. How difficulties in recognizing one's own incompetence lead to inflated asef-assessments. J Pers Soc Psychol 77(6):1121–1134
Kübler-Ross E (2001) Befreiung aus der Angst. Knaur, München
Lucas RE, Donnellan MB (2011) Personality development across the life span: longitudinal analysis with a national sample from Germany. J Pers Soc Psychol 101:847–861
Morgan A (2000) What is narrative therapy? An easy-to-read-introduction. Dulwich Centre Publications, Adelaide
Phillips L (2017) Study on multiethnical individuals. Counseling Today, 27–33
Rauen C (2014) Coaching. Hogrefe, Göttingen
Roberts BW (2005) Personality development. Stability and change. Annu Rev Psychol 56:453–484. Madison, Wisconsin
Walsh CA (2016) Brain disorder. Harvard University Press, Cambridge

GPSR Compliance

The European Union's (EU) General Product Safety Regulation (GPSR) is a set of rules that requires consumer products to be safe and our obligations to ensure this.

If you have any concerns about our products, you can contact us on

ProductSafety@springernature.com

In case Publisher is established outside the EU, the EU authorized representative is:

Springer Nature Customer Service Center GmbH
Europaplatz 3
69115 Heidelberg, Germany

www.ingramcontent.com/pod-product-compliance
Lightning Source LLC
LaVergne TN
LVHW022039260326
834688LV00061B/984